越不滿，越有力量

你也做得到的47個強心故事

商業周刊──編撰

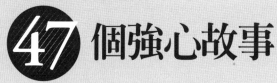

編者的話

不滿之心，處處都有驚人轉化的力量

「所有藝術家做到最好，都是因為憤怒；對事情的不滿，都會產生一種力量。」

奧斯卡獎最佳藝術指導葉錦添如此處理從小被看不起的不滿之心，營造瑰麗迷人的電影玄幻世界。

「在時尚的天平之前，無論貧富，要讓追求美麗的人都可以平起平坐。」

全球最大成衣製造商Zara創辦人、西班牙首富奧爾特加，不滿因家庭貧困被人鄙視，終而創造出傳統行業的世界新局。

不滿，是明顯的負面情緒，但總有那麼些人在歷練中以不同態度面對；他們沉潛等待、他們低頭精進、他們轉念奮發、他們為利他而忘我……

以不滿起始，可以喜樂收穫為終，轉化的驚人力量，只在一顆心的變幻。

本書獻給所有讀者，這裡有著你與我都會拍手稱嘆的強心故事，也是你與我同樣做得到的轉念一瞬間。

Contents

目錄

第1章 享受熱情在燃燒的日子

第2章 一手爛牌，也要好好打

第3章　每天起床，爲了準備戰鬥

Contents

目錄

第6章 你是不敢？還是不行？

Contents

目錄

第1章

享受熱情在燃燒的日子

人孤獨到極點，就能衝出極限

許芳宜　國際級舞蹈家

二〇〇七年，宜蘭社區大學董事長許新財，收到一塊送給女兒的木匾，上頭刻著：「許芳宜——用生命跳舞」。

這塊匾額的意義非凡，它是已過世的法務部前部長陳定南，生前來不及送出的禮物。

許芳宜是誰？她如何讓當年病榻中的陳定南感動？

「這位來自台灣的漂亮女舞者……，讓你不再遺憾葛蘭姆已不在人世！相信就連葛蘭姆本身，也未必能像許芳宜所詮釋的米蒂雅一樣，驚悚、畏懼、令人動容。」《觀察家報》（*The Observer*）如此形容。

當年三十七歲，來自宜蘭的許芳宜，赴美十年，一九九九年就成為美國最權威的現代舞團瑪莎・葛蘭姆舞團的首席舞者，也曾是雲門舞集的首席舞者。二〇〇五年並獲《舞蹈雜誌》（*Dance Magazine*）選為全球最值得矚目的舞蹈家。

從小，許芳宜就只是中段班學生，「不管書怎麼念，就是進不去，我也不知道為什麼？」當時父親甚至擔心，她以後只能到工廠當女工。

報考藝校舞蹈班，芭蕾僅三分

許芳宜的轉捩點出現在十一歲那年。她第一次參加民俗舞蹈比賽，原本在後台的她緊張得直發抖，然而當舞台燈一打亮，音樂響起，「我忽然覺得很安全，覺得我在扮演另外一個角色，已經不是功課很不好，而一直低著頭（的女孩）。」

這道光，讓許芳宜發現自己的「天才」，也慢慢愛上舞蹈。她隱約感覺，在舞蹈的路上，只要她肯付出，就可以有成果。只是，她並非從小學舞，因此，報考華岡藝校舞蹈班時，她的芭蕾只考了三分。

先天不足，許芳宜必須加倍努力才能趕上別人。當時，她的父親特別安排她住在華岡藝校旁的修道院裡，一個月零用錢只有四千元，每天除了上學、練舞，沒有其他的娛樂。果真，許芳宜後來保送進國立藝術學院（現為台北藝術大學）。

國立藝術學院是她的第二個轉捩點。當時的現代舞老師羅斯・帕克斯（Ross

Parkes）一眼就看出她的潛力。「終於開始有人對我懷抱期待，那不只是一道光，而是很大的希望。」為了不讓老師失望，許芳宜每天都是第一個開教室的人，早上六點就到校，將昨天的功課重複練習。她聽著羅斯述說職業舞者的生涯而著迷，讓她決定當一個職業舞者。羅斯說，許芳宜就像「目中無人」的小孩。「上課的時候，許芳宜一直在拚命、一直在拚命，只專注自己的最好，眼中好像沒有別人。」

大學畢業，她是跳舞第一名畢業，但學業成績並不好，英文甚至在大一就被當掉。但為了成為職業舞者，一九九五年許芳宜申請到葛蘭姆學校全額獎學金與文建會獎助，毅然隻身赴美闖蕩。

隻身闖紐約，考進葛蘭姆舞團

在紐約大街上，她拿著一本舞蹈雜誌，翻著後面舞蹈教室和舞團的資訊，學著搭地鐵去每一間舞蹈教室，一間間慢慢找，不會英文，就比手畫腳，以最笨的方式，尋找每個機會。

九五年底，她在兩百名應試者中脫穎而出，考入當年只招收兩名舞者的葛蘭姆舞團，開啟職業舞者的生涯。

「第一次拿到工作，我很興奮，站在十字路口的電話亭旁邊，想找個人分享，往前走、往後走，往左看、往右瞧，卻找不到方向，那時候，我不斷問自己，到底在做什麼？這才發現自己真的是一個人！」

街頭的徘徊，很孤獨，可就是這份隨著孤獨而來的專注，讓許芳宜成為一個頂尖的職業舞者。

當時，她靠著練舞來面對孤獨，連搭車、吃飯，腦子裡也都在想著走位、轉身、動作銜接。她不知道世界的標準是什麼，只是不斷的跟自己的極限挑戰。「只要人孤獨到極點，就一定能夠與你的身體對話，了解你的身體，衝出你的極限。」

找到了命定狂熱，不跳舞會死

她不斷思考葛蘭姆的技巧：以呼吸為原動力，肢體吸氣時挺直外揚，吐氣時縮腹內省，復以脊椎為軸，使身體作螺旋式旋轉。

然而，舞跳得再好，也只是一名舞匠。許芳宜的技巧，能否在葛蘭姆舞團脫穎而出的最後一關，必須掌握人性，才能舞出精髓。「葛蘭姆的作品，事實上就是在說她自己的故事。」雲門舞集創辦人林懷民解釋，葛蘭姆是一個只有高中畢業，靠著自我進修，改變世界的女人。她所有的劇碼，都是在形容她自己，一個好鬥又好強的女人。因此，葛蘭姆舞作的主人翁不是美國拓荒先民，就是希臘悲劇人物，貫穿她一百八十齣作品的是知其不可為而為之的奮鬥精神。

正如葛蘭姆在自傳《血的記憶》裡對自己的形容：「所謂『命定狂熱』，是指天生注定要對某樣事物，有不計代價、不問辛苦的狂熱。」「葛蘭姆的故事，就是許芳宜的故事。」林懷民說，許芳宜為了跳舞可以不吃、不喝，她是個不跳舞會死的人。

這位被譽為瑪莎・葛蘭姆傳人的許芳宜，憑著對舞蹈的狂熱，舞出一片天，也扭轉了父親擔心她只能當工廠女工的命運，成為華人之光。

許芳宜 小檔案

一九七一年出生，國立台北藝術大學舞蹈系畢業，曾任瑪莎・葛蘭姆舞團首席舞者、雲門舞集首席舞者，是國際級舞蹈家。

只要把心靈打開，你就會聽見

艾爾邦《最後十四堂星期二的課》作者

是什麼故事，讓全世界最有影響力的人——知名脫口秀節目前主持人歐普拉（Operah Winfrey），在五分鐘訪談後，便決定投資拍片，並在同年拿下五項艾美獎？

這個故事叫作《最後十四堂星期二的課》（*Tuesdays with Morrie*），也是《紐約時報》暢銷書排行榜有史以來最長銷的暢銷書；由米奇・艾爾邦（Mitch Albom）所記錄，與大學老師莫瑞・史華慈（Morrie Schwartz）的臨終對話。

為何一本不到兩百頁的小書，可以感動全球超過一千四百萬讀者？

「因為每個人都需要心靈導師，而每個人周圍也都有潛在的導師。」二〇一〇年九月二日，《最後十四堂星期二的課》作者艾爾邦首度來台演講前，與《商業周刊》分享感動背後的秘密：「有句諺語不是說，『當學生準備好，老師就會出現？』只要把心靈打開，你就會聽見。」

艾爾邦的老師，名為死亡。這位老師，三次出現在人生中教導他。

一九五八年，艾爾邦生於美國紐澤西州一個猶太中產家庭，生長在戰後富庶、思想開放的美國，他從小就夢想成為能發片的音樂家。大學畢業的七、八年間，他開始朝自己的夢想邁進，渴望成功和金錢；白天在學校上課，晚上就到酒吧跟爵士樂手學鋼琴、彈琴打工，甚至兼職當計程車司機、拳擊手和社工人員。美國之外，他流浪到歐洲、中東從事音樂創作，把到不同國家當作成就，過著波西米亞式的生活。

看在時下年輕人眼裡，艾爾邦酷斃了，但事實上，他卻陷入人生以來第一次危機：從他開始寫歌、作曲的那天起，便再也不聽音樂。

舅舅罹癌早逝，驚覺時間寶貴

「聽音樂就像在提醒我是個失敗者，為什麼每天演奏的酒吧空蕩蕩？為什麼我還沒出唱片？還沒賺大錢？為什麼人家可以成功，而我不行？」艾爾邦回憶，當時每天浸泡在自責中，一點也不開心。

就在此時，死亡給他上了第一課：時間寶貴。

艾爾邦從小最親的舅舅，罹患胰臟癌，他眼看舅舅從健壯變衰弱，再變浮腫；看著他在飯桌旁痛得彎下腰、嘴巴變形；看著他咒罵人生和工作，拒絕每個人。有天晚上，舅舅跟艾爾邦在陽台乘涼，他問艾爾邦：「我看不到孩子讀下個學年，你可以幫我照顧他們嗎？」這是頭一回艾爾邦逼近死亡，他嚇得要舅舅住嘴；但幾週後，舅舅便過世了。

「舅舅在四十四歲時過世，我便認為我也會在四十四歲死掉。所以時間突然變得很珍貴，我決定做什麼事情都要加速，要在四十四歲前做完所有的事情，」艾爾邦說。

一九八〇年代，廣播電視興起，他決定回學校念書修新聞碩士，並且擔任三家地方報紙、一家雜誌的體育記者，半工半讀，每天早上起來刷牙，就坐在打字機前寫稿，身上穿的還是前一晚沒換的衣服，一週工作近一百小時。研究所畢業之後，艾爾邦從紐約的地方報跳槽到佛羅里達，最後落腳底特律，成為全美第四大報——《底特律自由報》（*Detroit Free Press*）的體育專欄作家。

皇天不負苦心人，一九八五年，他首度拿下美聯社新聞獎的最佳體育報導獎；十年內他連續贏得七次專題新聞獎，成為美聯社新聞獎史上得獎最多的體育記者。

緊接著，他的專欄文章集結成書，還上電視和電台，艾爾邦成為身價百萬美元的明星記者，不但買下山坡上的豪宅，而且熱愛換車、炒股，過著與他筆下超級美式足球明星一樣的生活。

但是，他還是不開心。「成功讓我覺得可以主宰一切，」艾爾邦雙手合掌、語氣沉重，「誰知越忙越空虛，我討厭我自己。」

恩師成漸凍人，學會樂於分享

不久，死亡老師為艾爾邦開了第二堂課：分享。

一九九五年一天晚上，他在電視節目上得知大學教授史華慈罹患了肌萎縮性脊髓側索硬化症（ＡＬＳ，俗稱漸凍人症），想起十六年前大學畢業答應老師要保持聯絡，艾爾邦基於罪惡感，決定撥個電話給老師，表達自己的遺憾。

「史華慈教授，你好，我是你以前的學生米奇．艾爾邦。你還記得我嗎？」艾爾邦說。

「你怎不叫我教練呢？」莫瑞還記得十六年前的暱稱。罪惡感讓艾爾邦決定去看他。

看到老師，衝擊很大嗎？

「衝擊太大了！誰想到十六年前，竟是最後一次看他站著。」艾爾邦回憶與老師重逢的震驚：莫瑞坐在輪椅裡，拿湯匙的手抖個不停，他得花三到五分鐘，才能吃下一口食物；倘若莫瑞要小便，須用雙手撐起身體，艾爾邦得幫他拿尿壺。「我痛恨這些事，」艾爾邦說，「但他從來不抱怨。」

有次艾爾邦將莫瑞從輪椅抱回沙發，莫瑞發現他的尷尬。莫瑞叫艾爾邦別在意，「這只是我的身體，就像運送貨物的木箱；你看著我的眼睛，我還在，我還是那個你認得的人。」從那以後，艾爾邦逐漸坦然面對老師。

連續十四週，他在每週一、二飛到麻州拜訪老師，直到一九九五年冬天，莫瑞過世為止；一九九七年，艾爾邦完成《最後十四堂星期二的課》並付梓出版。對艾爾邦來說，這十四堂課的意義是什麼？

「生命中真正重要的是善待他人與樂於分享，這樣才會無憾。工作在生命裡是該有個位置，但不是第一位；當你死時，工作也不會安慰你，同事也不會是你最後最想見的人，」他說。

工會罷工結束，艾爾邦重新規畫生活，他從專欄作家改為自由作家，只報導大型體育賽事，其他時間都投入非營利組織，一九九六年到二〇〇九年，艾爾邦成立五個基金會，協助底特律的中輟生就學、修補舊社區給游民居住，並為游民子女的醫療募款。

雖然莫瑞啟發艾爾邦思索生命的意義，但舅舅早逝的陰影仍籠罩著他，他仍緊抓人生的方向盤，認為自己才是命運的主人；雖然自己六個月大就受洗成為猶太教徒，卻不信有神，認為需要依靠神的人很蠢。

撰寫拉比悼文，見證信仰力量

就在此時，死亡教給他第三堂課：相信。

艾爾邦因《最後十四堂星期二的課》成為暢銷作家，二〇〇〇年應邀回底特律演講，演講結束後，他幼年的拉比（編按：猶如基督教的牧師）路易斯要求艾爾邦幫他寫悼文，艾爾邦接受了。

艾爾邦是沒有信仰的懷疑論者，在為拉比寫悼文蒐集素材過程中，逐漸認識拉比，過去的疑惑也獲得解答；與此同時，艾爾邦目睹底特律一個毒販靠著信仰成為教區牧師，見證了信仰的力量。八年後，高齡九十一歲的拉比因肺癌過世，直到過世前，他仍抱持信念，講完最後一場道。

「十年前提到信仰，我就會逃跑，因為我覺得信仰分隔了彼此，」艾爾邦說，「路易斯讓我發覺信仰的美好之處，是讓我們相信人可以彼此聯繫。」

近代死亡學先驅、芝加哥大學心理學教授羅斯（Elisabeth Kübler-Ross）說：「人就像窗戶上的彩色玻璃，太陽昇起時，每片玻璃都閃閃發光；唯有當黑夜降臨、仍然閃爍的玻璃，才擁有真正的美麗。」死亡正是這份美麗，帶艾爾邦走過人生一道道關卡，也透過艾爾邦，啟發了千萬人生命的意義。

艾爾邦 小檔案

一九五八年出生，哥倫比亞大學新聞碩士，曾任《底特律自由報》體育專欄作家，現為自由作家。

挫折只要碰到我內在熱力，一下子就被蒸發

施明煌　台灣小麥復育推手

面對一件事，如果有一百個人告訴你不可能，你，該靠什麼堅持下去？

喜願麵包坊創辦人施明煌找到了方法。於是，他從一位年薪百萬的電機業副總經理，成為今日台灣小麥復育的推手。因為他，台灣改變了小麥糧食零自主的局面，不再是百分之百須仰賴國外進口的糧食。

一九九八年，任職彰化一間電機公司副總經理的施明煌，看到喜憨兒台北第一個烘焙工作點被潑糞新聞，深受觸動。

藏在施明煌骨子裡，希望去改變社會荒謬與不公現象的反抗基因，呼喚著他。一九九九年，他辭掉工作，出資近兩百萬元、約等同他兩年的薪水，創辦喜願麵包坊，照顧身心受限的保育院院童，沒想到人生自此有了新的風景。

二〇〇七年十一月，歐美金融危機造成糧價上漲，喜願麵包坊在成本上面臨極

大壓力。「台灣一年進口一百二十萬公噸小麥，自主率竟然趨近於零，說不過去。難道自己種不出小麥嗎？」

在台灣種小麥，一百個不可能

原本，施明煌僅是想用本土小麥磨製麵粉、製作麵包，來降低生產成本，最後竟開始想要自己種出小麥。

施明煌想讓台灣自己可以耕種小麥的想法，跟這個小麥復育計畫的名字：「麥田狂想」，一樣瘋狂。

因為台灣種小麥已是百年前的歷史，隨戰後美國糧食過剩，大量外銷小麥等因素，麥田在台灣幾乎消失，包括種子、農作方式全部陌生，連農政單位也曾從經濟效益角度說台灣不適合種小麥。

施明煌的想法，就連和喜願麵包坊合作多年的台灣主婦聯盟也大感震撼，周遭至少有一百人都說不可能。

「大家都被經濟效益綁架，認為有必要為了喝杯牛奶，就自己去養一頭牛、甚至闢一座牧場嗎？」

二〇〇七年，施明煌從一公頃、一個農民配合契作開始摸索，當時國際糧價高漲，同業冷眼旁觀。

二〇〇八年糧價回落，施明煌仍然持續擴大契作面積，有人開始譏笑他：「麵粉那麼便宜，用買的就好，你幹嘛要種？」換算美國高品質麥種到岸價約一公斤十四元，對照他當時一公斤二十八元向契作農民的直接收購價，成本高出一倍。

小麥種了兩年，因為參與者太少，契作產量未達麵粉廠三十噸的最低研磨量，施明煌還自掏腰包買小台機器自己磨，「努力（種了）一季，它只磨一小時，這個畫面你說震不震撼。」

直到二〇〇九年，施明煌的契作小麥好不容易達到將近三十噸規模，小麥的儲存問題又接踵而來。台灣只有穀倉、沒有糧倉，施明煌只好又花費數十萬元，建冷凍庫存放，「看你是要解釋問題，還是解決問題：前者是自己想理由，後者則是想方法。」

「我的內心就像火爐，哪怕下雨都會蒸發掉。挫折只要碰到我內在熱力，一下子就被蒸發。」問他，付出的費用多少？何時可以回收？他說，年過半百，他已經清楚，別人會精打細算機會成本，但對他而言，只要一件事情該做，就會不計代價來換。

小麥契作有成，下一步種大豆

二〇一一年，跟施明煌合作的契作小麥農民達四十四人。他用傻勁，讓台中選二號小麥品種跨越縣市門檻，從台中開始，往南到嘉義、台南，往北到苗栗、台北，往東到花蓮、台東，甚至六十五公頃種植面積中，有近三分之一是有機生產。

施明煌的突破，也獲得聯華實業的支持，協助本土小麥的研磨加工、麵粉儲運與銷售，並在二〇一二年三月推出「新高山台灣小麥粉」，推廣至全台烘焙業界，製作本土小麥麵包，甚至還推出「本土有機認證全麥麵粉」。

而施明煌和契作農民繼小麥後，還正在全台籌組喜願大豆特攻隊，打算種出無基因改造的台灣大豆，朝著他的內在信仰繼續前進。

施明煌 小檔案

一九六〇年出生，彰化高工畢業，曾是電機公司副總經理，年薪百萬，一九九九年離職創辦喜願麵包坊，更以一股傻勁，開啟台灣自種小麥之路，成為喜願小麥契作農友團總「兼」。

複雜的房子很好蓋，簡單的房子，苦啊！

謝英俊　災區重建專業建築師

二〇一一年十一月七日晚上，美國哈佛大學設計研究學院，正舉行「柯里史東設計獎」（Curry Stone Design Prize）頒獎典禮，當主持人念出當晚的最高榮譽——首獎得主後，上台的是的一位穿著深藍色襯衫，未繫領帶，腦後紮著馬尾，髮尾蜷曲並略帶灰白的男子，他是台灣建築師——謝英俊。

這個獎是為了鼓勵建築應貼近環保、社會和文化而設立，謝英俊則是長期在台灣、中國進行災後重建工程的建築師，也是首位獲此殊榮的亞洲人，獲獎的作品是他帶著九二一邵族居民重建家園的系列作品。

這是藉由「協力造屋」、結合原住民部落特色，且能在短時間內完成社區重建的模式，也打破「房屋要砸大錢、花人力才能蓋得好」的迷思，讓建築更能貼近居民自身文化、凝聚部落意識。

然而，謝英俊並非一開始就是崇尚簡單、低價建物的建築師。淡江大學建築系畢業的他，年輕時看好新竹科學園區的發展，是竹科第一批建廠的建築師。一九八二年、當時二十八歲的謝英俊開著車在園區裡繞，整片飛揚的黃土讓他心想「那就是商機。」不久後，謝英俊就在竹科旁設立事務所，積極爭取承包廠房，十年內共蓋了不下二十個廠房，漢磊、光磊等都是他的客戶。那是他的黃金十年，一年營收一千五百萬元，最高紀錄，手上同時握有超過十億的工程款。那時他穿戴華服，出入以進口車代步，名下數棟透天厝外加傭人侍候。

但一九九九年震懾所有台灣人的九二一大地震，奪走了許多人的生命，也改變了謝英俊的人生路。

九二一受震撼，走入災區造屋

九二一地震當天，謝英俊開著吉普車來到南投，滿目瘡痍的景象讓他雙腿顫抖，不自覺跪在地上，驚人的景象在眼前展開，「我能為這塊土地做什麼呢？」是他當時心裡的聲音，「居住是人類基本權利」成為他追求的理念。當大家逃難似的往都市寄居，他卻反方向進入災區幫原住民蓋房子，一待就是五年，而且越蓋越窮，甚至還一度積欠工作室員工薪水。

五年時間過去，山林再度綠意一片，順著山路到日月潭旁的伊達邵（編按：邵族的部落），三十幾戶房子靜靜躺在山坡上，每戶都是謝英俊和邵族居民合作完成。從地震第一天就到這裡蓋房子，現在他和工作隊同事共蓋了數百間房子，遠看遍地山林與群房，「我很富有啊！住的可是豪宅。」他笑說。

謝英俊口中的豪宅，外牆由竹片夾著錫箔外加輕型鋼筋支撐，斜屋頂的竹子參差的延展，上面罩著黑色鐵皮，房子裡的辦公桌是由磚頭疊成四個腳撐起一塊大木板，桌上一盞白色生鏽檯燈是從災區撿來，轉開關還會發出「喀、喀」聲。

他興建的房舍除了符合環保綠建築外，也像ＤＩＹ家具，除了地基外，居民幾乎可以自己組裝，例如外面的竹片壞了，就可以自己去找竹子補；屋頂的鋼樑有損毀，也可以訂做一個一樣的拴上去。更特別的是，二十坪只要二十萬元，一週時間就可完工。

謝英俊說，之所以設計簡單易組合的房屋，是因為災區居民一貧如洗、無屋可住，想賺錢又無工作可做，加上政府補助款還未核發，因此當下他就覺得可以發明「協力造屋」的方法，讓居民參與一起蓋房子，如此既省下找工人的錢，壓低房價，又可以讓居民有工作。

簡易組合屋，造價低廉受質疑

但問題來了，如何讓不懂工事的民眾也可以捲起袖子做呢？謝英俊從螺絲釘裡重新找學問。他花了一、兩個月時間，在災區搭帳棚，與同事畫設計圖，然後上山砍竹、削木板，不斷試做。他說：「複雜的房子很好蓋，但是簡單的房子，苦啊！」例如，過去學的建築知識，告訴他要把兩根垂直木頭固定，就是利用卡榫固定即可，但是如果只用幾根木頭就想撐起屋頂，這方式一定會垮，因此他光研究卡榫外加螺絲固定就花了一、兩週的時間。此外，鎖螺絲到木頭上還要注意木頭龜裂，因此他還為了哪種尺寸的螺絲載重最大卻又不會讓木頭龜裂，反覆試驗不下百次，終於研發出約四十根木頭做成十坪左右的房屋架構，而且絕對耐震。

然而，當他蓋完房子實體模型，信心滿滿的發出通知，邀請當地居民來看時，居民普遍反應卻都是「這會不會容易倒啊？」甚至當著他的面問：「你是不是騙子？哪有這麼便宜的房子？」當時和他一起工作的建築師黃鏡全回憶，那時經常舉辦說明會，卻多無疾而終，而且其他建商也不滿謝英俊這種「打破市場行情」的做法，除了當面威脅他，還對居民揚言說：「如果給他（謝英俊）做，你們最好小心一點。」

但謝英俊堅持下去，挨家挨戶拜訪，讓災民知道他蓋的房子可以住上一百年，他先蓋工作室、自己實地住在裡面。從沒人登門，漸漸的造訪他的腳步聲多了，居民終於相信他的建築方式。

但接下來的問題是，這些居民願意「以工代賑」，然而基本的材料和設計費，仍要一、二十萬元。謝英俊只好自掏腰包，賣掉自己北部的房子，先墊重建的開銷。他當時還浪漫的認為：「蓋完房子，政府的補助經費總會下來。」許多原住民也都信誓旦旦去打工還錢。但後來他卻發現，先行支付的數千萬工程款回收困難。

推動協力造屋，重建案跨兩岸

除了政府核發的補助款金額有限外，居民拿到錢，也多會先解決民生需求，所以當時幾乎每戶都欠謝英俊錢。「所以我蓋完房子後，就比較少去拜訪，怕他們以為我要來收錢。」他補充，看著一家五、六口擠在一個雙人床外加一條發黃大棉被中，想一想也就不急著收這筆錢。「但我畢竟不是慈善事業，還是得維持生活。」為了繼續推動協力造屋理念與還清銀行負債，他又開始接一些容易拿錢的案子。

邵族部落重建，讓謝英俊體認到，在工業化與現代化浪潮的席捲下，以土地為生的農民不願再以傳統方式建造房屋，更重要的是，原住民們揚棄了傳統協力合作建屋的部落文化與價值觀，此種現象斬斷了「人與土地」、「人與自然」的關係。

因此謝英俊試圖用自己的建築方式讓邵族人相信，輕鋼房屋結構既耐震耐用，而且即使是沒有專業經驗的人，也能參與施工。大家透過互助合作，不用經由層層建商、代銷營造出來的豪宅幻象，也能夠重建家園，而且更能凝聚整體族群與社區意識。

「我不能接受台北一棟房子起碼要好幾百萬，許多人都買不起，其實每個人都應該有住的權利啊！」謝英俊激動的說。即使他現在還有房子在北部，回台北也都不住自己房子，寧願去朋友家窩小公寓。

二〇〇四年，謝英俊進入大陸，在河北、河南、安徽，推廣他的農民建房與協力造屋計畫。二〇〇八年，四川發生汶山大地震，謝英俊及其鄉村建築工作室成員協助偏遠山區災後重建。二〇〇九年，台灣的「八八水災」讓他又將工作重心移至台灣，興建原住民部落中繼屋與永久安置房，完成十三個部落約一千戶家屋重建。在此期間，他又參與屏東瑪家農場、高雄勤和部落避難屋等大型社區重建工程。

勤和部落避難屋也讓謝英俊獲得二〇一一年的「台灣建築獎」，他得獎感言告訴大家，災區重建工作，多數人會理解成「人道主義」，但支撐他們持續投入的最大動力，來自於對專業作為的自我肯定。他要告訴大家：「我們真能在很有限的經費中建起這些房子——符合節能減碳高標準的綠建築；抗震防災，破壞時可將傷害降到最低；住民可自己動手建房，同時兼顧保障工作權、心理回復、社群文化的自我肯定與認同等。」

他強調，他們的工作並不只是針對災區重建，「平常百姓家」才是他十幾年來試圖敲開的一扇門。平常百姓家的問題在哪？

為做想做的事，走反方向的路

謝英俊在感言中指出，中國七億農民、或說全球七成人口，大多逐漸放棄傳統生活方式與價值觀，採用他們不熟悉的工法與材料，窮一輩子之力蓋起了昂貴的鋼筋混凝土或磚瓦新房，卻完全不抗震、不環保、不合理，這是一個極大的黑洞、也是現代建築專業者無法也未曾踏入的領域！

因此，他試圖挑戰現代建築的操作模式，和一切價值觀，甚至美學。他表示，在這種狀況下，建築專業者不可能是任何細節都掌控的裁縫師，或是威勢逼人的交響樂團指揮，倒像是激發演員創作本能的導演，在他設定的框架與平台上，讓演員盡情展現自己的潛能，展現交盪而出的創意。

謝英俊感嘆的表示，哈貝馬斯（Jurgen Habermas，德國當代哲學家、社會理論家）的「互為主體」正是對現代主義的警示。建築專業者只做有限、關鍵且必要的事，其他則開放給居住者。

擁有豪宅、華服、美酒，是多少人的夢想。但人生半百，卻從擁有千萬豪宅到負債千萬，夫妻離異、孑然一身，這是曾經在竹科風光一時的建築師謝英俊，為了他心中的理想，走了一條反方向的路。

當同期的建築師現在都衣錦還鄉，開起大事務所當老闆，但謝英俊卻跑來山林看星星，幫災區居民蓋房子。究竟為了什麼？謝英俊想了很久吐了一句：「為了做想做的事啊。」輕飄一語交代前半生，但這需要多少勇氣？

人生的精彩，要用何種標準衡量？在謝英俊身上，我們看到了不同的答案。

謝英俊 小檔案

一九五四年出生，淡江大學建築系畢業，曾任逢甲大學、中原大學建築系講師、陳其寬建築師事務所工程師，現職為謝英俊建築師事務所負責人。

對事情的不滿，都會產生一種力量

葉錦添　奧斯卡最佳藝術指導

身為電影史上首位獲奧斯卡獎肯定的華人，葉錦添最為各界熟知的正是和導演李安合作《臥虎藏龍》，二〇〇一年獲奧斯卡最佳藝術指導。評審團對他的評語是：「在電影裡營造了一個美麗新世界。」

但葉錦添的才華不止於電影，從服裝設計、舞台、美術設計、繪畫、攝影、裝置藝術，到寫小說、散文，「一個人怎麼可能同時擁有這麼多樣的敏銳美感？這就是天分。」漢唐樂府創辦人、藝術總監陳美娥說，「如果以三十年為一個世代，他是這個世代最優秀的藝術大家。」

然而，對照他不斷在各藝術領域打造的美麗世界，一九六七年香港出生的葉錦添，兒時面對的卻是個「悲慘世界」。

家中排行老四，葉錦添幼時一家七口生活起居全擠在約三坪大小的雙層木板床。「五個小孩中，哥哥比較受寵，」葉錦添台灣經紀人、蔚龍藝術總經理王玉齡透露，相較聰明又活潑的哥哥，父親從未把關愛放在害羞、敏感的葉錦添身上。

雕塑和場景，緣自童年的想像

「以前我一直都是無能兒……，什麼都想不清楚，行動力很差，」自稱封閉獨行俠的葉錦添，接受本刊專訪時說，由於父親是管賭場的，他從小有很多語言禁忌，所以很少講話，也不能出去玩。只有父親賭博贏錢時請吃牛排，是他少數快樂的記憶。

唯獨大他七歲的哥哥，很早便離家，不受約束。由於母親長年臥病，幼時的葉錦添，眼裡只有這位大哥，把他當偶像，從幼稚園便開始學他臨摹日本漫畫。

慘的是，哥哥畫畫沒事，他一畫就被爸爸打，「你畫畫沒有用，」葉錦添說。無力反抗的他，只能偷偷畫，「那時候畫很多怪獸……，畫到今天還在畫。我心裡應該不只一頭怪獸。」往事並不如煙，他卻數度笑聲爽朗。

「葉錦添的雕塑和場景都和內心有關，他把心中很多童年想像立體化，創作『夔』（編按：典故來自舜帝時的樂師，其後被附會為單腳怪獸）是要解放心中一些害怕與恐懼。」王玉齡認為，兒時的經歷，成了他的創作力量。

「我一直都很孤獨，」葉錦添這樣拆解自我，「他（哥哥）是主角，我是配角，（希望）受重視程度想像我哥哥。」

繪畫拿冠軍，意外開啓電影路

一九八六年，害怕考試與他人評論的葉錦添，靠比賽獲獎進入香港理工學院學攝影。沒想到，當初父親覺得沒用處的畫畫，竟意外開啟他的電影路。

原來，葉錦添當時摘下兩項全香港繪畫比賽冠軍，香港電影人徐克看了他得獎作品人像，推薦他到電影《英雄本色》劇組當執行美術，周潤發劇中黑風衣、寬墨鏡的「小馬哥」角色造型正出自他的靈感。

後來，出自於對西方藝術的嚮往，葉錦添憑著一個睡袋與貼身藏著港幣兩萬多元的家當走遍歐洲，令他大開眼界。

一個多月的歐洲行，讓葉錦添覺得「已學到絕世武功，回來就天下無敵，」沒想到，「很快就絕望了，」很多人找他，但那些主流片，無法滿足他亟欲改變舊世界的衝動，最後一年只接一部小型藝術片。

但其實，做不到想要的東西，令葉錦添很憤怒，他一心想離開香港。「所有藝術家做到最好，都是因為憤怒；對事情的不滿，都會產生一種力量。」他說。

直到一九九二年，因《誘僧》一片，葉錦添認識台灣當代傳奇劇場創辦人吳興國，「你的東西比較適合在劇場裡面，」這句邀約，改變葉錦添的一生。

打造樓蘭女戲服，驚豔各界

「台灣最吸引我的，就是靈性的那部分，」講起話來十足哲學家氣質，著迷於台灣文化氛圍的葉錦添坦言，母親過世也是他出走台灣的動力，「我就等於是一個逃兵，離開了家庭。」

捨棄香港，他厚積的能量一夕爆發，一九九三年替當代傳奇打造的《樓蘭女》服裝一鳴驚人，名角魏海敏穿著華麗厚重戲服，葉錦添的破壞力量完全展現。

陳美娥認為，當時各界確實驚豔《樓蘭女》的造型裝置，視覺很搶眼，「已經放到野（肆無忌憚之意）了，」可是他沒有考慮別人，忽略劇中人的原始樣貌。

於是陳美娥一九九五年要求葉錦添替漢唐樂府設計《艷歌行》時必須傳統、循古法。這次，葉錦添懂得從放到收，渾然天成。

「讓人說『美絕了』，最後那一幕滿堂春，那樣的造型整個都活了，完全就像先秦從地底下挖出來的俑。」如今回想初見服裝，陳美娥仍激動莫名，「他在傳統面前是謙虛的。」

「直到漢唐樂府我就開始收，」葉錦添透露，「一收，我的技術就更加出現，我可以做到非常細緻……，後來都是很簡，但是一簡，竟然是所有人最喜歡的。」

靠臥虎藏龍爆紅，葉子仍飄零

台灣的經驗，讓葉錦添設計的服裝不只是衣服，更能跟著人體節奏「跳舞」，甚至已轉變成人體一部分。

但當葉錦添逐漸收放自如後，台灣卻留不住他。「他覺得已被燃燒得差不多，」太古踏舞團團長林秀偉觀察，台灣劇場實在太窮，每個人都在燃燒生命，葉錦添沒辦法按理想做到位，他選擇再次出走。

一九九九年，葉錦添投入《臥虎藏龍》劇組，包辦服裝和布景，「其實我的心態是只追求最好的東西，其他都不想碰。」兩年後，這成了他揚名國際的代表作。

得了獎，但他父母已過世許久，從雙親口中得到肯定並當面表達感謝竟不可得。「我是生活在少年時代的那個感覺裡。」葉錦添的聲音很輕，但分量很重。

長期和家庭都是處於斷裂的他，儘管因得獎，家人都回來了；偏偏命運捉弄人，後來大哥在台灣出家，對他是個很大的震撼，讓他更難找到回家的路。「越來越飄浮，感覺自己像個在轉的陀螺，沒有依靠的。」葉錦添說。

這又是另個創作能量？「我也不清楚，要一段時間才知道。」葉錦添說。

「他（葉錦添）是一片葉子，在飄零；」林秀偉觀察，葉錦添是追求精神滿足的人，才能一直在最差的條件下，過舒坦的生活，「可是這片葉子後來變成一葉扁舟，乘風破浪到他要去的地方。」葉錦添早已出家，他的歸宿，是藝術。

葉錦添 小檔案

一九六七年出生，香港理工學院高級攝影專業畢業，曾任《英雄本色》、《大明宮詞》和《橘子紅了》、《臥虎藏龍》、《赤壁》、《風聲》等電影美術、服裝指導。

已經決定要做這件事，就不說累

查馬克　排灣族古謠隊推手

台灣中央山脈南側的北大武山山腳，有一間特色小學——屏東泰武國小，裡頭有著一支演出橫跨三大洲的排灣族古謠隊！而催生古謠隊的推手，竟然是體育老師查馬克．法拉屋樂。

這位連五線譜都不懂的體育老師，讓古謠隊足跡遍布盧森堡、比利時、法國、德國、美國與中國等，日本三一一八地震，他們也赴日本福島，用歌聲撫慰災民。

而這一切，都用查馬克的傻勁換來。

二〇〇三年，流著排灣族血液的他，大學畢業後到泰武國小任教，過去求學時受異文化衝擊，加上身為長子的使命，讓他「希望透過歌謠讓孩子認識排灣族文化，認識屬於自己部落的文化。」

花四小時接送，只為傳唱古謠

但初期困難重重。首先是要四處採集部落古謠，由於排灣族古謠很重視歌者身分、場合，無法隨便傳唱，他不斷說服部落耆老，老人家才傾囊相授。且古謠多運用與日常用語不同的文言文，他每次採集時都得拿錄音筆錄下老人家的口傳心授，一字一句追問歌詞意境與畫面，回家再一音一調轉譯成羅馬拼音，反覆練唱。看不懂簡譜的他，靠著傻勁學會陸續採集來的近五十首歌。

再來是說服學生願意唱。「怎麼那麼土，不要放這個，這個好老，」最早一放傳統歌曲，想聽周杰倫、蔡依林的學生直接吐槽；查馬克則用「老師有老師喜歡的音樂，我們要互相包容，」四兩撥千斤，訂出一、三、五聽傳統音樂，二、四、六聽流行歌曲。另外，孩子對母語陌生，一首歌至少要教兩週才能成形；不過現在熟悉曲調後，孩子幾天就能學會新歌。

二〇〇七年，古謠隊的傳統音樂專輯入圍金曲獎，能見度漸增，獲邀至歐洲表演；二〇〇九年，卻遇上莫拉克風災，兩年內被迫遷校四次。查馬克不讓練習因風災中斷，每次練習，來回三、四小時往返各地接送學生。莫拉克風災沒吹散古謠隊，反而更緊緊相依。

「不會累嗎？」小朋友問他；「當我已經決定要做這件事情，我們不能說很累，因為我在這裡面找到快樂，就跟你唱歌一樣很快樂，」查馬克回答。

但他最終目的並非出名，而是連結部落老少與文化，唱自己的歌。「我不是要訓練孩子變成一個很出名的團，我只是希望，有一天他真正能夠回到部落，跟著老人家一起唱。」

查馬克 小檔案

一九七九年出生，排灣族人，台東師院（今台東大學）體育系畢業，是屏東泰武國小體育老師。二〇〇四年五位孩子在查馬克指導下組成古謠隊前身，二〇〇六年古謠隊正式成軍，演唱足跡遍及法國、德國、比利時、盧森堡、日本、中國。

永遠要具備足夠的能量，重新歸零、再度出發

蔡慧貞　知本形象設計總經理

二〇〇七年五月，被公認為工業設計領域中「奧斯卡獎」的視覺傳達獎項，頒給知本形象設計公司總經理兼創意總監蔡慧貞，她的作品從二十五個國家、一千一百四十個作品中脫穎而出，囊括六項大獎，一炮而紅！

蔡慧貞以「中國花園」系列、「知本文具組」等六件作品奪下獎項。在「中國花園」裡，她將中國文字放在四張海報上，圖上一朵綠色石蓮花綻放其上，又或一朵枯萎的荷花攀在文字上，散發濃濃東方味。

蔡慧貞是歷來台灣在德國傳達設計獎上獲獎最多的設計師，近五年來，已經拿下包括二十六項、紅點設計（Red-dot）十八項、Pentaward等五十座重要國際設計大獎。在〇八年傳達設計獎受邀的十六位國際評審中，她也是唯一的東方面孔和少數的女性設計師。二〇一一年十一月中，蔡慧貞還進入總統府，接受馬英九總統

的接見和表揚。

原本家中經營出口貿易，蔡慧貞從小就常接觸舶來品，頗熟悉時尚，讓非學院派出身的她對美學自有一套想法，「因父親常帶家人去日本遊玩，我自小就習慣日本與東方的美學。」加上二〇〇四年首度赴法國接觸西方設計，了解國際設計潮流，「東學西用」成為她設計的主軸，也讓她在眾多的設計公司獨樹一幟，多次拿下國際設計大獎。

但如今風光的背後，原來卻有一段辛酸故事，改變了她的人生。

被倒六百萬，丈夫又車禍驟逝

一九八八年，蔡慧貞與朋友合夥經營一家廣告公司。九一年，因承攬的某電子OEM廠的企業品牌行銷案，包括文宣、廣告、世貿參展攤位、媒體購買等，發生廠商倒閉、業主人間蒸發，導致她背債六百萬的慘境，在二十一年前，這對年營業額僅千萬元的她而言，無異嚴重打擊，不僅讓她無法支付上游廠商的款項，員工人數也被迫由原本的三十人精簡為兩人。

已經疲於奔命，卻遭到命運對她落井下石——原任企業主管的丈夫因車禍驟逝，當時女兒僅六個月大。雙重打擊和壓力，但她連悲傷的時間都沒有。一邊忙著跑三點半應付債務，一邊強忍失去摯愛丈夫的悲傷，處理後事，蠟燭兩頭燒，「有時晚上邊開車回家，忍不住嚎啕大哭，但要回家之前，一定要擦乾眼淚、洗洗臉，免得母親為我擔憂。」

還好，家人的支持與過往客戶的協助讓她度過難關。十年內，她慢慢攤還所有債務，公司也恢復成長。

但在丈夫過世後的八年裡，她只能用工作來撐住自己的情緒。她總是怕看到年輕夫妻帶著小孩在公園玩；怕看到夫妻牽手依偎；更怕看見夫妻騎車出遊，妻子摟著丈夫腰的親暱畫面；也怕參加同學的婚禮、朋友的聚會……。人生伴侶突然離去，讓她多次在女兒面前失控大哭。

帶著女兒住公司，颱風逢漏雨

那一段時間，她搬回娘家住，後因弟弟結婚，娘家空間不足，她只好帶著女兒住到辦公室。一次颱風來襲，豪雨吹進辦公室，五歲大的女兒忙用報紙、浴巾擋住雨水侵入，並對她說：「媽媽，別怕別難過！」她這才發現女兒的堅韌、勇敢。

「強烈的母性克服了強大的悲傷，讓我走過人生低谷。」小時跟著祖母習佛，讓她了解生命會有的變化，第一任丈夫因車禍突然去世，讓她深刻體認生命的無常，活著的人終究要面對未完的旅程、人生的責任。「人生什麼都可能發生，只有面對人生的態度可以決定自己的命運，突破它才能繼續走下去。」

一九九七年，另一個機會來敲門，讓蔡慧貞從感性設計跨行到理性管理，成為她日後帶領公司躍上國際市場的本錢。

一個經營俱樂部的客戶——地中海國際中心，看上她行銷企業與品牌的包裝長才，聘請她擔任執行副總經理，該俱樂部就像一個小型飯店，提供運動、餐飲、紓壓等服務。為了更快累積自己公司成長的資源，她接下這份工作，但這對從事設計的她而言，是個大膽的嘗試。

跨界管俱樂部，學會數字管理

面對眾多員工、複雜的人事及財務，蔡慧貞決定從頭學起，「人遇到問題，就會自然開竅了。」儘管毫無財務背景，但每天聽著財務人員的報告、學著看財務資料，虛心聽取同事的說明，加上參與相關演講，她開始看懂管理報表，了解什麼叫作來客數、週轉率，「經營俱樂部讓我學會面對數字，特別是管理數字，」她說。

但也因不受限管理專業，她在思考俱樂部營運方向時，更具開創性。例如，俱樂部位在淡水河畔，她發現餐廳夏天生意較好，冬天冷風一颾，顧客不可能花四十分鐘車程只為吃頓飯，更遑論運動。因此善於形象包裝的她，便決定利用資源。某位明星因在河畔辦婚禮，在池中搭了座橋，婚禮結束後，蔡慧貞留下那座橋，冬天時利用原場地辦歌唱比賽，讓會員帶家人或朋友來，增加活動多元性，並商借人形玩偶，舉辦親子活動，讓俱樂部更具趣味性。

在俱樂部三年，蔡慧貞讓會員人數成長六倍。俱樂部經驗讓她學會，做事不可一股腦不計後果投入，「設計是公司的靈魂，但穩穩走下去需要經營、布局。」

台灣創意中心副執行長黃振銘觀察，「Jennifer（蔡慧貞英文名）是個極端感性的人，會不計成本幫你做設計，假設沒有地中海的經驗，她很可能早就倒了。」

二〇〇〇年，蔡慧貞開始思考公司的下一步，離開俱樂部。她觀察，台灣科技業逐漸往國際，她必須針對許多歐美客戶的需求，做整體設計解決方案。不僅要會製作產品目錄，還必須會產品包裝、企業識別等技能。「有了地中海經營的經驗，讓我學會除了訴諸感性設計外，還須理性分析市場及產業發展。」

這時的她和過去已經不同了，和蔡慧貞合作十幾年的攝影師邱春雄觀察，她不再是個只談設計概念的設計師，而是談市場定位、對手市占率，甚至拿著客戶營業數字分析的形象顧問。幾乎一半以上的客戶除了企業識別標誌外，在蔡慧貞的解說下，往往連平面設計、廣告，甚至人員服裝都交由她打理。

有比賽就參加，站上國際舞台

為了充分了解客戶需求，蔡慧貞甚至當起分析師。當時有家台欣公司，主要做醫療器材，她不但上網查詢市場狀況，並親自到模具廠，甚至跑去拜訪下游客戶，也因為徹底分析，最後提出歐美和亞洲市場必須用不同顏色的產品，才可能吸引消費者，讓客戶的業績一年成長兩倍以上。黃振銘曾經評析，除了天分，蔡慧貞頗有經營頭腦，這也是她能獲國際評審青睞的原因。

在國內站穩腳步後，蔡慧貞第二步就是走出台灣市場，向外吸取養分。為了創造機會，當時只要有國外比賽，蔡慧貞幾乎都會參加，也因為這樣，七年前她和五國設計公司組成GDS（Global Design Source）聯盟，一起共同接案。

一手創意，一手經營，蔡慧貞把跨界的優勢發揮到淋漓盡致。從熱情出發，到面對現實的磨練，透過不斷的學習和精進，在國際設計舞台，打下自己的一片天。

蔡慧貞後來再婚，現在的丈夫對她百分百的支持，過去的橫逆，讓她更懂珍惜如今的幸福，「人生無常，永遠要具備足夠的能量重新歸零、再度出發。」對於現下的年輕人，她只想說，「把握每個當下，努力吸取養分，理想性加上使命感，就能成就不凡！」

蔡慧貞 知本形象設計總經理

一九六〇年出生，東吳大學英文系夜間部肄業，二〇〇七年摘下十六件國際設計大獎，二〇〇八年摘下十三件國際設計大獎，現職為知本形象廣告公司總經理兼創意總監。

我把挫折當作催促我起床的號角

史特龍　美國知名影星、導演

一九七〇年代，美國一個年輕人很想當演員，他找上電影公司毛遂自薦，但大家嫌他「長相滑稽、講話含糊不清，聽起來很可笑。」數百位經紀人，都對他說：「ＮＯ！」

這個年輕人被拒絕了一千五百次！他就是席維斯．史特龍（Sylvester Stallone）。

出道前，他曾窮到連公寓暖氣的錢都付不起，飯也沒得吃，只好到圖書館吹暖氣，卻因此受愛倫坡（Allen Poe）小說啟發，寫出一部劇本。

但當史特龍想向電影公司推銷他的劇本，依然沒有任何公司感興趣。在無數次被拒絕後，終於有兩個製作人出價十二萬五千美元要買這劇本，條件卻是他不能演裡面的角色。

堅持演主角，不計代價

但史特龍堅持演主角，否則不賣劇本。電影公司將價碼提高至二十五萬美元、三十二萬五千美元，史特龍仍不同意。最後，製作人同意讓他演出，但只給他三萬五千美元及承諾分紅。

這部電影，就是《洛基》（*Rocky*），後來更贏得奧斯卡最佳影片獎。在奧斯卡獎頒獎前，史特龍把所有曾批評他、羞辱他的字句，一一念出來，他把人們對他的每句批評都寫下，因為他說：「我把挫折當作催促我起床的號角。」

史特龍 小檔案

一九四六年出生，美國演員、導演及製作人。一九七六年，根據他的現實生活編劇主演的電影《洛基》打開知名度。代表作有《第一滴血》、《巔峰戰士》、《超級戰警》等。

越拒絕，我的心量越大！

陳秀苗　國泰人壽行銷總監

「你好，我叫陳秀苗，目前在國泰人壽服務，請問有需要我服務的地方嗎？」二〇〇一年，在捷運淡水線上，一個中年婦女緊張又扭捏的遞上名片與DM，逐車逐人詢問。

某一天從早上十一點到午夜最後一班列車，詢問了兩百多人，只有兩個人願意拿她的名片。

如今，這個中年婦女成為國泰人壽行銷總監，三度獲選百萬圓桌會議（MDRT）資格會員，客戶一半以上是從捷運上開發來的，最高收入破千萬元。

「我是前無路、退無步，為了活下去才不得不，」露出一絲靦腆的陳秀苗說。

陳秀苗小時候家境相當清苦，國中畢業沒錢上高中，她到台北士林投靠開水電行的舅舅，從此開始了二十三年的女工生活。三十九歲那年，工廠老闆收山，少了兩萬元的收入，她急得翻報紙找工作，但只有國中學歷，根本沒有人會要她。慌亂間她閃過一個念頭：「不如我也來去做保險！」她拿著保險法規猛K一週，最後竟然以八十八分的成績錄取業務員。

本以為人生就此展開新頁，但真正走上保險之路，就發現自己既沒資源，又沒人脈，要怎麼開始？

鎖定捷運站，賣出第一張保單

她猛然想到，每天搭乘的捷運，似乎是最適合開發的場所。「人又少，又有冷氣吹，還不用出站上廁所，多棒！」於是，陳秀苗開始帶著一瓶礦泉水，一疊DM，到捷運站報到，逢人就遞名片，縱使問一百個只有一個人肯收名片，她還是堅持下去。

第三天，在問了超過五百人後，一位乘客本來已經拒絕陳秀苗的推銷，禁不住她一再表示可以提供免費保單健檢服務，就給了電話地址，約好兩天後到家中拜訪。「喔！我真是開心的要飛上天了！」那晚，她成功賣出第一張保單。

從那天開始，陳秀苗的自信心被建立，「捷運就是我的寶地！」第二個月業績翻一倍到七萬元，第三個月就突破十萬元，從此再也沒下來過。

生活中只有磨難與挫折，讓陳秀苗養成凡事都往正面想的態度，「不然真的很難活下去。」曾經有客戶的先生，看到她來家中收保費，劈頭就是一頓痛罵，一路從三樓罵到一樓。陳秀苗一面微笑著解釋保險的內容與意義，直到對方罵到累了，她依然滿面笑容。最後對方反而拿出存摺，要陳秀苗幫他規畫。

「我覺得，今天我全心想幫助你，你拒絕是你沒有福氣。」「如果問題出在我身上，那客戶拒絕也是應該。」「不管怎麼樣，越拒絕，我的心量越大！」

大客戶靠運氣，小客戶靠實力

也曾經，有捷運上認識的客戶轉介董事長給她。生平第一次看到「官階」這麼大的，陳秀苗自卑到低著頭不敢直視，才開口講第一句，董事長就把卷宗甩在她臉上，說：「等妳敢用眼睛看我再來！」

她回家對鏡子練習一週，把講稿背得爛熟，沒想到講了五分鐘又被轟出來：「妳自信不夠，叫我怎麼相信妳？」陳秀苗這次換方式自我激勵：「他不過比妳早出社會、早賺到錢，一樣是兩個眼睛一個鼻子，沒什麼好怕。」

三天後，再次拜訪。這次，她不只侃侃而談，還能毫無懼色的直視董事長的眼睛。當天，她成交了二十八萬元的保單。

即使現在已貴為超級業務員，手中客戶達八百多個，陳秀苗還是要求自己每週一定要在捷運或紅綠燈下開發出一個新客戶，因為「大客戶是靠運氣，小客戶是靠實力。」「再多客戶也有用完的一天。」

靠著不服輸的韌性與堅持到底的精神，這個沒有學歷、人脈、背景，又沒有安全感的中年婦女，就這樣寫下保險業的一頁傳奇。

陳秀苗 小檔案

一九六二年出生，國中畢業，三十九歲開始做保險，現為國泰人壽行銷總監，三次百萬圓桌會議（ＭＤＲＴ）資格會員、七次國際繼續率獎ＩＱＡ。

第2章

一手爛牌，也要好好打

巴你一巴掌的人，比捧你一下的人還重要

江朝瑞　宸鴻光電董事長

他，四十二歲時還負債十五億元，不懂技術、不懂製造，又歷經中年失敗，但二〇〇七年iPhone上市，每兩片iPhone觸控螢幕，就有一片出自他的公司。他是宸鴻光電創辦人暨董事長江朝瑞。

一九七八年，江朝瑞大學畢業後拿五萬元創業做映像管監視器，三十歲不到已有上億身價。然而，一九九〇年代，ＬＣＤ開始取代傳統的映像管監視器，毛利率由二六％跌到一〇％，江朝瑞被迫轉往印尼設廠，缺乏經驗又被合夥人騙，最慘時曾負債十五億元。

當時《哈佛商業評論》（*Harvard Business Review*）一篇〈藍海策略〉的文章，給了他靈感：比起毛利率殺到個位數的監視器，毛利率二五％的觸控顯示器，就是一個新藍海。但當時全球採用觸控螢幕的ＰＯＳ、Kiosk（電子商務機），一

年不過一千五百萬台，市場很小，但江朝瑞看上的卻是觸控操作無上限的特質，決心拿自己的未來賭一把，這一把可賭了十二年。

研發燒掉十二億，才吃到蘋果

十二年後，二〇〇四年蘋果為跨入手機市場找遍觸控供應商，每拿出設計圖，研發人員都搖頭；唯獨宸鴻沒說「不」。

負責研發的技術長張恆耀，與蘋果共同研發兩年半，平均每三個月，他就提一回：「老闆，放棄吧！」一連說九次。「每一個同業都跟我說，不要浪費錢做電容式的，那個不會賺錢的。」張恆耀回憶，因為電容式觸控不僅成本高，當時根本看不到任何大量應用的市場。

「我覺得方向是對的，只是早晚的問題，」江朝瑞說。為了這信念，宸鴻成立六年，購買生產電容式觸控面板的設備與研發投資已燒掉十二億元。

二〇〇七年六月，iPhone上市，在蘋果的青睞下，江朝瑞大獲成功。從四十二歲人生負債十五億元，到五十七歲翻身致富，現在身價超過五百億元，他體認到：「巴你一巴掌的人，比捧你一下的人還要重要。」

如果沒有這次的中年失敗，江朝瑞恐怕無法體認不足，更無法發現「觸控」的藍海。

江朝瑞小檔案

一九五三年出生，輔仁大學企管系畢業。三十歲不到，就成為億萬富翁，但四十二歲負債十五億元，五十歲成立宸鴻光電，研發生產電容式觸控面板，拿下蘋果平板電腦六成訂單。

要創新，就要接受長期的誤解

貝佐斯　亞馬遜集團創辦人

貝佐斯（Jeffrey Bezos），全球最大線上零售商亞馬遜（Amazon）的創辦人，媒體曾封他：「賈伯斯（Steve Jobs，蘋果已逝創辦人）後第一人。」然而亞馬遜今天的成就，卻是經歷過一段被人質疑的過程所換來的。

亞馬遜在一九九七年上市，股價最高時，貝佐斯身價達百億美元。《富比世》（*Forbes*）雜誌形容他：「一位天生的好人。」《財星》（*Fortune*）雜誌說他：「謙遜得讓人沒有戒心。」

二〇〇〇年網路泡沫化後，「謙遜的好人」忽然成為眾矢之的。一年內，亞馬遜市值縮水到七分之一，上市六年後，已經虧損超過三十億美元（約合新台幣九百億元），貝佐斯被指控「離譜行徑」太多。攤開亞馬遜財報，以二〇〇〇年為例，亞馬遜的行銷費用就吃掉毛利將近九成，是對手的三到四倍。

為滿足客戶，舉債蓋物流倉庫

最大的指摘是一九九九年時貝佐斯不顧反對，大手筆發行二十億美元的債券，加蓋五座成本需要五千萬美元的物流倉庫。當年亞馬遜還虧損七億美元，而新建產能，亞馬遜只需要用到三成。

二〇一〇年一月，《哈佛商業評論》寫下個案，標題是〈亞馬遜：破產邊緣〉，指出亞馬遜所做的跟管理學的「效率至上」完全相悖，因為當時對手多把倉庫物流外包，以達到「輕資產、無庫存」目標。但貝佐斯卻去蓋讓資產週轉率降低的倉庫。貝佐斯說，「沒錯，這整個計畫看來是沒效率，但假如沒做這些，就會有不滿意的客戶。」

但投資人對亞馬遜失去耐心，貝佐斯的招牌笑容變得格外礙眼，而且他竟然回應：要創新，就要接受長期的誤解。「利潤像維生的血液，但不是存在的理由，人不會為了血液而生存，」他說。

直到金融海嘯期間，貝佐斯終於證明亞馬遜的營收和獲利完全不畏景氣衝擊：亞馬遜二〇一〇年營收較二〇〇八年，逆勢成長近八成。當年這個賣書的小公司，營收比全球一半以上國家的GDP都高。

這是他用十七年飽受批評的代價換來，當臉書面臨可能泡沫化的質疑時，貝佐斯以不變應亂世的故事，格外難得。

貝佐斯小檔案

一九六四年出生，普林斯頓大學電機系畢業，三十一歲創立亞馬遜線上書店，進入網路零售業，二〇〇七年首創電子書Kindle，搶攻出版市場，集團總市值現破千億美元。

我知道自己不靈光，我更相信腳踏實地

堺雅人　日劇《半澤直樹》男主角

讓日劇《半澤直樹》紅透半邊天的靈魂人物，莫過於飾演男主角半澤直樹的堺雅人。戲中的半澤「擇善固執」，戲外的堺雅人亦同。

堺雅人在一九九五年踏入演藝圈，當時盛行「偶像型演員」，但他專接不討喜的配角，選擇在憂鬱症、反派等高難度角色中磨練；不怕觀眾討厭，也不在乎是否被記得。所有合作過的劇組，對他的共同評價都是「認真」。

舉例來說，為了體驗戰後官員的敗戰心理，堺雅人選擇讓自己面黃肌瘦、眼神黯淡；為了詮釋廚師，他開始戒菸、將食量調整至兩倍。而在演出急診室醫生時，他每天只以棒棒糖果腹。「我知道自己不靈光，所以比起天才型演員，我更相信腳踏實地。」

對演技的堅持，體現半澤精神

為演好半澤，堺雅人看過《半澤直樹》每一版劇本，拍攝期間，他從不與其他演員閒聊，九五%的精力都在背台詞、揣摩演技，無時無刻不在思考演出方式。

堺雅人曾說，自己和半澤的個性截然不同；但是，在演員專業上，他的堅持、追根究柢，卻和半澤的有勇有謀如出一轍。也許，現實生活中的半澤難尋，但是，能體現「半澤精神」的，堺雅人肯定是第一個、也是最成功的實踐者，這也是他能成為飾演半澤唯一人選的關鍵。

堺雅人小檔案

一九七三年出生，早稻田大學第一文學部肄業，代表作包括電視劇《官僚之夏》、《南極大陸》、《篤姬》、《半澤直樹》等，曾獲第五十回銀河賞優秀主演男優賞。

無論貧富，都可以平起平坐追求美麗

奧爾特加　Zara創辦人

Swatch手表改變了鐘表業、蘋果的iPhone改變了手機與電腦業、麥當勞改變了飲食業。那麼，誰改變了成衣業的遊戲規則？

答案是，Zara。

母公司是全球最大成衣零售廠商英德斯（Inditex）的Zara，二〇一一年一口氣在台北開了兩家店，開幕當天，消費者大排長龍，掀起一波快速時尚（Fast Fashion）浪潮。當對手優衣庫（Uniqlo）母公司Fast Retailing宣布的二〇一〇會計年度財報，出現四年來淨利首次衰退時，唯有英德斯，在二〇一一年上半年的淨利仍逆勢成長一四％。同時間，它也已超越瑞典的H&M，成為全球市值最高的成衣商。

這個哈佛商學院口中「歐洲最具研究價值的品牌」──Zara，現在，每年賣出上億件衣服到全球七十八個國家。

因為Zara，衣服對人們的意義，從耐穿紡織品演化到可「穿十次即丟」的快速消費品。

然而，自一九七五年第一家Zara成立以來，到長成市值新台幣一兆七千三百億元的今天，這個帝國的真面目，仍難以捉摸；尤其是它的創辦人──阿曼西歐．奧爾特加（Amancio Ortega Gaona），即使靠著Zara成為西班牙首富、全世界第七大富豪，擁有九千三百億元的個人財富，他，卻是低調到不行，不但公開資料極少，他不印名片、也幾乎不接受採訪。

不忍母受辱，十二歲輟學養家

故事，要回到一九三六年，西班牙內戰爆發前幾個月，小奧爾特加誕生了，這是一個以冬季冷風著名的小鎮，當時則是西班牙爆發內戰的動亂時代。

奧爾特加的父親是鐵路維修工人，辛勤工作，一個月只能賺三百比塞塔（西班牙舊幣），一家五口窮困到連吃飯都有困難。

八歲時，他們搬到加利西亞（Garlicia）附近，一個男人出海捕魚、女人縫紉養家的偏僻小漁村。

「一天下午，我放學後與母親一起去商店買吃的。因為我是家裡最小的，她喜歡來接我回家。那天，我們去的是一家食品店，櫃檯很高，高得我看不到誰在跟母親講話。雖然時間過去很久了，我永遠無法忘記他們說話的一些內容：『太太，我很抱歉，不能再給你賒帳了。』」

「我看得很清楚，從此以後，我要去掙錢，這種事情再也不能發生在我媽媽的身上。」

奧爾特加形容童年的自己，「敏感害羞，又有一股傲氣，很怕別人瞧不起我。」對自己呵護備至的母親，受到這樣對待，比自己受辱更難受。於是，他丟下書本，十二歲就輟學到服裝店當學徒，像個男人一樣，出門掙錢養家。

然而，不管他多麼的努力，窮困仍然像是個恥辱的印記，緊緊跟隨著他。

「年紀再大一點，我到拉瑪哈（La Maja）工作，那家服裝店比較高級。一天下午，我和客戶的女兒散步，她的母親很有錢。那女孩看似看上了店裡的男孩，也就是我，而我也很喜歡她。」

「一天，她母親來到店裡問老闆，『你兒子呢？』在知道我並不是老闆兒子，只是個小店員後，她再也不肯讓女兒跟我交往了。」

回憶這些往事時，奧爾特加的聲音高昂了起來，眼神掩不住情緒，「那時候的有錢人，個個都很在乎他們的錢財，其實也不是什麼大錢，卻讓他們自以為高人一等。」這樣的成長經驗，讓奧爾特加必須藉由毫不懈怠的工作來證明自己，「有一種力量一直推動著我，激勵著我，不是為了錢……。」

二十七歲那年，西班牙經濟快速成長，他和哥哥、嫂嫂，拿著好不容易存下的二千五百比塞塔創業，開了一家製衣廠，接些加工單子。

創業維艱，他與哥哥常常捧著目錄、樣品，搭長途火車到巴塞隆納求見銀行與業主，十年奮鬥之後，廠裡已有五百位員工，從製造到代客設計，除了零售，還做了上游垂直整合。

然而，從製衣廠轉型成今日的Zara，卻是源自於一場危機。

代工遭抽單，自創品牌一搏

一九七〇年代石油危機，企業破產潮襲擊歐洲，一九七五年，德國業主抽單讓奧爾特加瀕臨破產，他於是決定自救，成立Zara品牌，自產自銷。

他拚命工作，「我沒有辦公室，我的工作不在文件堆裡，而在工廠。」他設法創新，「為什麼我就不能創辦一點跟現在市場不一樣的新東西呢？」他這樣向好友描述。

從十九世紀以來，超過一世紀的時間，時尚，是富人專屬的標記。當時，法國高級服裝業主導全球時尚概念，所謂時尚，就是設計師推出創意在時裝秀上展示，名流追逐的一場身分遊戲。至於一般人，可以選擇的只有便宜的成衣。

但，「時尚一定是富人的專利嗎？」奧爾特加不以為然。

早年站櫃台時，他看盡有錢人臉色，目送貴婦趾高氣揚提著華服離開，他決心要創造出一種「每個人都穿得起的時尚」。在時尚的天平前，無論貧富，他要讓所有追求美麗的人都能平起平坐。

奧爾特加強烈感受到，一般消費者希望用相對低價買到時尚的欲望。「我的目標是要提供最佳性價比的經營模式，在某種意義上，我的理念與時尚搖籃的氛圍格格不入。」他決定將時尚的主控權，從設計師交到大眾手上。

奧爾特加自己雖不穿名牌、不喜歡打領帶，但他卻是一位道地的「店員ＣＥＯ」，一切向消費者靠攏。他從不試圖主導、猜測消費者的喜好，他，只是緊緊的追隨，因此掌握了二十世紀中後期，中產階級打造「個人風格」的大趨勢。

以平價時尚，攻占巴黎精華區

他帶領著Zara一步步從西班牙第一走到國際舞台。一九九〇年，Zara甚至攻入了全球時尚之都巴黎。

在巴黎最昂貴的地段巴黎歌劇院正對面，Zara和香奈兒（Chanel）、迪奧（Dior）等高級時尚名店遙遙相對。

開幕當天，他心情格外忐忑不安。遠遠的，他看見等著進店的人龍排到了大馬路上，當他走近店門口，發現自己竟無法穿越店內川流不息的人潮。

Zara被最嚴格的巴黎人接受了！五十四歲的奧爾特加，顧不得自己大老闆的身分，站在店門口，像孩子一般激動的哭了。

那個出生於窮困小鎮，跟著媽媽在櫃台賒帳的小男孩，在這個時尚聖殿裡，看到自己的夢想，開出了第一朵花。

「記得小時候，我經常晚上得從離家兩公里的車站獨自返家，有好幾次都被嚇得挪不動步子……，在人生之中，如果總是害怕，就會一事無成，我們應該有一種冒險精神。」

童年的苦難，給了他超越的勇氣，「危機嚇不倒人，也控制不了人，只有恐懼才會束縛你的手腳。」

此後，Zara的快速時尚在全球勢如破竹，在第五大道，全球名牌聚集的昂貴地段，美國第一家分店開幕了，一向怕坐飛機的奧爾特加特地飛到紐約，再次目睹群眾大排長龍的盛況。

「那一刻，我有多麼的思念我的父母啊！」奧爾特加表示，「如果他們能夠看到這些，會有多麼驕傲呢？」

上市變首富，不改低調簡樸

他將Zara的成功模式複製在其他五個品牌上。六十五歲那年，英德斯集團上市，股價一飛沖天，奧爾特加成為西班牙首富。

有人追求成功，是為了名聲與榮譽，然而，奧爾特加卻不是。舉世聞名後的他，越加低調。

他不印名片、不接受拍照，他說，「人生只有三件事需要出現在報紙上：出生、結婚與死亡。」

即便成為了西班牙首富，他仍然不改簡樸作風。中午用餐，他仍然習慣走進員工餐廳，跟下屬坐在一起吃飯。平時，除了待客場合，私底下他總是喜歡點一份煎蛋配薯條、香腸，簡單少量的吃完一餐。

維持低調，讓我們看到那個本性害羞的小男孩。對於隱私，人們只知道他曾經罹癌，曾經離婚，但細節一概不知。他在側拍照片上從來不笑，似乎，事業成功並未帶來人生全面成功。

當Zara成為西班牙第一，回到家鄉開第一家專賣店時，奧爾特加回到出生的小村落，他如此回憶：

「那是一個很小的村子，只有四戶人家，我們在那裡吃了晚飯，我問那些人是否還記得我的父母親，有的確實記得，儘管他們並不認識我，這也很正常……。」當年搆不著櫃台的那個小男孩，現在長大了，「已經沒有人能傷害到我了。過去的就過去了，就好像給自己穿上了一身鎧甲……，我從不記恨任何人。」

七十五歲交班，只發簡訊通知

世上有兩種復仇，一種叫「以牙還牙」，將曾經承受的痛苦回報給當初的加害者；另一種復仇，叫「自我超越」，將痛苦化為自我驅策的動力，證明自己才是勝利者。奧爾特加選擇了後者。

如今，擁有近兆元身價的他不再貧窮，相反的，他有能力買遊艇、為女兒打造賽馬場。然而，事業越成功，他越渴求生命的答案。富人的生活，對曾經被有錢人歧視的他，顯然只是成功的附屬品。

這個低調神秘，一生極少歡愉大笑的國王，二〇一一年七月正式退休，沒有任何接班儀式，也謝絕媒體採訪，僅發了一條簡短訊息通知集團十萬名員工。

國王，交出了權杖，展開另一個階段的人生。

「我絕對相信，我們所有的人來到這個世界上，都是為了完成一項使命的，沒有一個人是因為巧合而存在於世上。」七十五歲的奧爾特加，用六十年的拚搏，為自己的一生下了這個註腳。

（本文部分摘錄自《商業周刊》出版《ZARA沒有名片的總裁》）。

奧爾特加 小檔案

一九三六年出生，小學畢業，曾在服裝店當學徒，後創辦Zara。

各種打雜工作，是在替人生打底

盧俊賢　洋蔥先生餐廳總經理

有一雙手，十六歲開始，連續超過十二年，刷洗過上百萬個牛排館的油膩碗盤。如今，這雙手將「洋蔥先生」（Mr. Onion）連鎖餐廳推向興櫃，打造國內繼王品、瓦城後，下一個餐飲新貴夢。

這雙手的主人，是五十九年次的總經理盧俊賢，國內餐飲業界，最新竄起的連鎖餐廳大亨，然而，回頭看，盧俊賢的人生際遇，卻是「吾少也賤」，但這也是他如今在形同戰國時代的餐飲市場，能成為一方之霸的絕佳養分。

盧俊賢二十一歲時，和二哥盧俊雄一起開設「洋蔥」西餐廳，經年散居各地的盧家五兄弟，終於聚在一起共同打拚。然而生意實在太忙，盧俊賢一直到三十五歲前，每天工作十五小時，關店後的洗碗打雜工作，也都落到身為老么的他頭上。

窩在洗碗臺，練綜觀全局「目色」

「在餐廳，我其實最喜歡洗碗的工作，因為我說話沒人（指兄長們）願意聽，」他說，不到兩坪的洗碗臺區域，是他唯一不會動輒遭使喚的安全角落。也因為在不起眼角落，盧俊賢練就綜觀全局的好「目色」。

站在容納兩人就嫌擠的洗碗臺前，不只可近距離觀察出菜前，主廚調理食物的細節，因為這裡同時也回收客人沒吃完的菜餚，哪些東西總是剩下最多，便是料理精進的空間。

但他不止用看的，為找出客人為什麼不喜歡這塊肉的答案，還經常「吃」回收的菜餚。「吃多了，自然就懂客人喜歡怎樣口感和哪種肉質，」「你也會知道擺盤時該呈現哪一面，讓客人第一刀切下去，是他最期待的口感，」他體會。

但要練就如此深厚功力，這一雙手，必須洗刷過數以百萬計的牛排店碗盤，要洗乾淨這樣格外油膩的碗盤，工序繁瑣得用熱水先燙過，導致盧俊賢手掌，幾乎天天龜裂，下工後雙手得塗滿凡士林油膏，戴上手套才能入睡。

「回頭看，在社會大學經歷的各種『打雜』工作，其實是在替人生做『打底』的準備，」他慶幸的看待。

兄弟一起聯手創業，盧俊賢後來卻在最顛峰的時候與二哥分家，發展「Mr. Onion」連鎖體系，論經營本事和廚藝功夫，哥哥們的經驗豐富，不過盧俊賢當年洗碗打雜所練就出的本事，卻成為如今拚出一番連鎖店江山，最重要的打底功夫。

盧俊賢 小檔案

一九七〇年出生，羅東高商肄業，二十一歲時和哥哥共同經營的首家「洋蔥」開幕，三十九歲分家，改以 Mr. Onion 商標發展連鎖化經營，至二〇一四年全台共二十九家分店。

當我跌倒，才知道什麼叫作站起來

許超彥 鋼鐵人醫生

在二〇〇九年元旦，上帝給當時三十三歲的許超彥出了一張最難的考試卷。北京，八達嶺滑雪場，時間是下午四點半。

許超彥決定挑戰頂層坡道。突然間，腳下快到難以煞車，他像飛彈般向右滑出雪道，狠狠往鐵柱上撞去。他想爬起來，身體卻沒反應，「不痛才恐怖，倒在雪地裡沒有感覺，下半身不覺得冷，我就知道慘了。」白雪地上，沒有鮮血。

一道道檢查後，醫師把許超彥的太太黃述忱叫到一旁：「妳先生是截癱（中國用語，指半身不遂），這輩子不能再起來行走了！」

台中一中資優班、台大醫學系、退伍後順利當上精神科醫師，但這一天，許超彥人生的一百分全被奪走。從天之驕子成了地上癱子。

他在急診室知道自己會活下來以後，第一時間，便想起《聖經》中「行走的癱子」神蹟（編按：指神在瞬間讓癱子起身行走）。他篤信，自己所相信的神，是可以叫癱子起來行走的神。

但每天一起床，黃逑忱就要面對躺在屎尿中的丈夫，「換換換換換，從床單到他全身衣服，全部都要換。」丈夫至今每天都需要包著尿布，約每三到四個小時就要換一次。

許超彥面對自己的殘缺，並不容易。

看到自己擁有的，而非失去的

「我還記得看著窗外，風吹著樹葉、陽光閃耀，我在裡面只顯示出那個房間又黑又暗。」他沮喪，「我永遠都走不出去的！推輪椅出去又怎樣，狀況再好，也不過自己推八分鐘輪椅，就在路邊喘氣。」

他甚至問上帝，為什麼不能施予他如行走癱子般的奇蹟。「以前我喜歡給予，現在要常開口請別人幫助我，真的很難。」

就在面對軟弱的同時，他告訴自己要積極復健，哪怕有多一件自己可以做到的事也好。這是他試著愛自己，進而愛對方的方式。四年來，許超彥往返醫院復健次數超過五百次，靠著意志力，從第一次可以自己穿襪子、褲子、從床上移到輪椅等開始，到一天可以做一百下仰臥起坐，並拿助行器等輔具練習站立。

當許超彥大部分生活逐漸自理後，意外後第八個月，夫妻倆便結束以醫院為家的生活；第一年年底，他考取身障駕照，甚至自己開車回台中看癌末父親。現在的他，已不是當初那個連喝一杯水都要麻煩別人的癱子，儘管不便，但行動自由。

關鍵在於，他看到自己擁有的，而非失去的。

明明失去下半身知覺，他想的卻是：「我還擁有上半身和頭腦！」許超彥說，其實傷友們聚在一起，常幽默比較誰失去得多？「我們傷胸腰椎的也要去思考說，為什麼不是頸椎。對呀，我很有可能（失去）頸椎，當然也可能死亡。」

穿上鋼鐵人輔具，跨出第一步

傷後一年三個月，過去督導他的師長、台北市立聯立醫院松德院區精神科主治醫師陳俊澤，也主動敲門，邀許超彥回醫院兼職看診。

二〇一二年一月，工研院機器人團隊邀他從醫學與使用者角度，參與醫療用機器人復健臨床研究，協助測試新開發的行動輔具。

以前，他花一年才能跨出一步，穿上機器人後，他就像一個「鋼鐵人」，一個多月就跨出第一步，三個半月後還可以轉彎，「當我跌倒，才知道什麼叫作站起來。我覺得很棒，有一種期待……，我可以走到我想要走的地方。」

世上沒有做不起的夢，只有太早醒的人。許超彥讓我們看到，原來信心的力量，可以逆轉一切。

許超彥 小檔案

一九七六年出生於台中，台大醫學系畢業，二〇〇九年發生滑雪意外，下半身癱瘓，現任台北市立聯合醫院松德院區兼任精神科醫師、脊髓損傷基金會副執行長。部落格「行走的癱子」：http://walkingparalytic.blogspot.tw。

不如意十常八、九，我只看一、二

吳惠瑜　公信電子總經理

如果有一天，醫生忽然告訴你，你的腦袋裡有一個直徑六公分的腫瘤，不割除，你隨時會倒在路邊死去；如果割除，你必須承擔手術失敗所帶來的半身不遂或是失明等風險。

你，會怎麼反應？難過的自問「為什麼是我？」跟家人哭訴，退縮在家？或是四處討教？

對於美商鳳凰科技全球副總裁吳惠瑜來說，這些，都不是她的選項。

這位曾擔任英特爾（Intel）台灣區總經理與威盛業務副總經理，個子嬌小、一向身體健康的科技業女強人，二〇〇七年五月開始，經歷一連串的病痛考驗，挑戰的嚴峻，遠超過她所處的高壓力科技產業，而她的面對態度，卻比冷靜還冷靜，甚至因病痛燃起更高的工作鬥志。

我腦袋有個瘤，要去處理一下

二〇〇七年五月十八日，吳惠瑜一早起床，發現視野中竟然出現兩個蝌蚪般的黑點，一切磨難從此開始。

「吳小姐，請您立刻來醫院一趟。」電話中，護士急急忙忙的對正在打包行李，打算隔一天去成都出差的吳惠瑜說。

「啊？我還要出差……。」

「您趕快來，事情很嚴重。」

當天上午，吳惠瑜去檢查眼睛，但是下午五點鐘，醫院卻傳來了上述消息。她到醫院後，醫生拿出幻燈片，對她說，「妳的腦袋裡有六公分直徑的圓球，也就是腦膜瘤。」

醫生解釋著，這個腦瘤實在太大，已經存在五、六年，擠壓到連接其他器官的神經，所以眼睛才會看到黑點。醫生警告吳惠瑜，她隨時可能會突然倒在路邊，休克、甚至死掉，要趕快處理。只是，把腦袋打開絕非小事，一有失誤，在把腫瘤取出的過程中，誤傷比髮絲細幾十倍的神經，就可能產生極嚴重的後遺症。聽完，她卻只很冷靜的說了一句話：「好，讓我回去打包一下。」

住院前，吳惠瑜花了五天的時間交代一些家裡瑣事，也打了個電話給當時威盛總經理陳文琦，「我有個瘤，要去處理一下。」她沒有第一時間就通知她先生，只因為他正在日本出差。直到他回國前一天，才跟他說，「醫生說，我去開一下刀，比較好。」

問吳惠瑜：妳怎麼能直接跳躍悲傷與掙扎的層次？開腦，並非小事。

她想了一下，然後說，「腦膜瘤九七％是良性的。」我們再問：但哪來的自信，認為自己不是那三％？「如果一直想我是三％，那日子怎麼過？」「有問題，就去解決它。」就算是良性瘤，如果手術過程失敗怎麼辦？「我花了時間，找到醫術最高超的人，就相信他。」難道都不會停下來怨嘆自己的不幸？「我真的很樂觀，我覺得自己一定會好，你們不是說，心想事成嗎？」

頂著光頭搶訂單，哀兵立大功

吳惠瑜不給自己時間自怨自艾。

歷經七個半小時的手術，四個小時後，吳惠瑜很快在加護病房清醒。她清醒後的第一句話竟是：「黃偉俊（吳惠瑜的先生），所得稅報好了沒？」因為手術前，她交代先生要完成所得稅申報。

雖然，手術後，因為腦中的腦瘤割除，腦中的器官陸續移位，會出現醫學上所謂的放電現象，就是如半身痲痹的徵狀，吃東西無法咀嚼，會無意識的流口水，或口齒不清。但「這就是過程啊，克服就對了，」她說。

吳惠瑜出院後，剛回到家裡休養，又開始高燒不退，連續燒了三天，高達四十度，後來又住進隔離病房。

發燒時，總會感到沮喪吧？「這個會，不過，是覺得自己很對不起老闆跟公司……。」

出院後的吳惠瑜，立刻回去繼續跑業務。老闆要她在家休養，但她說：「要趕回進度。」有一個星期，她頂著裹著紗布的光頭，跑到廣達林口總部搶訂單，「我去了七次做簡報，去到人家說，『好啦，訂單我給妳，別再來了。』」「我這是哀兵政策，」她笑。威盛第一次切入廣達的供應鏈，竟是因她大病後所立下的大功。

身體越脆弱，吳惠瑜的意志力卻越強。但老天，不願輕信這個結果，還要再試一次。

手術過後，吳惠瑜發現，自己的雙腿越來越痛。「生意照做，止痛藥照吃。」檢查發現，原來是小時候吃太多俗稱美國仙丹的類固醇，導致血液無法流通到她的骨盆關節，「骨頭都黑掉了，」先前的大手術，讓這些問題加速侵蝕她虛弱的身體。醫生要她動人工關節手術，「他們要我一次開兩隻腿，我說不要，先開一隻，再開另一隻。」

為什麼？「我能接受拿枴杖，但是如果坐輪椅，我會很鬱卒，會打敗我的信心。」原來，女強人也是知道自己的底限。但感觸在她臉上，一閃就過。

吳惠瑜緊接著說起住院前她做的事。「我去買了一支3G手機，可以上網的，我事先打聽過，那個病房是無線通訊，但如果有病人也要上網，會跟我競爭搶頻寬。所以我帶手機與NB（筆記型電腦）去開刀。」那個病房最後還真的變成她的會議室。

○七年下半年，吳惠瑜不是以光頭姿態，就是拿著枴杖出現在所有人面前，「我拄著枴杖時多威風，西裝外套在那邊（指披在肩上），啪啪啪（指枴杖碰到地的聲音）走得很快，氣勢驚人。」身旁的人絕對看不出來，她正忍受著一隻腳逐漸康復，一隻腳卻越來越痛的怪異落差感。

她甚至還把自己光頭、戴著可愛小帽子的照片，寄給好朋友，「這是我現在的樣子，很法相莊嚴吧。」

「她都跟我們說，碰到挫折，不要繞路走，就面對它。」她的前部屬、威盛業務處處長黃義家說。

不同的心態，讓吳惠瑜連「病後心得」都跟多數人不同：「就因為人生無常，所以我才更要去放手一搏。」對抗病魔的經驗，讓她發現，「原來我的體力與精力還在，甚至更好，我為什麼不去發揮，再去闖一個更大的舞台？」

生病後鬥志更高，叫我女超人

○八年農曆年，研華董事長劉克振邀請她，出任必陞科技總經理，去發展工業電腦系統業務，跳脫二十年的半導體業務格局，她很快就接受了。「如果是以前，我一定會驚（台語），怕失敗。」

她說，在病中，自己從不問「Why me ?」（為什麼是我？），只是想著「how to」（如何解決問題）。「人家都說，不如意事，十常八、九。但，我只會去看那一、二。」一場病，大家眼中的不如意，她也可以把它轉化成正面的「一、二」事，「那成為push（推動）我脫離舒適圈的動力。」

很多人生病後，因此看淡事業，吳惠瑜卻燃起更高鬥志。「他們現在不叫我女強人，叫我女超人了！」

她邊拍照，邊移動還未完全痊癒的雙腳，說起小時候的故事：「我家裡非常窮，窮到八個人睡在一張床上，隔壁的豬有時還會跑過來擠。我爸媽在市場前面削甘蔗，賣陽春麵、賣檳榔，騎著人力三輪車載豬肉。我小時候，為了貼補家用，去中山北路與北投唱那卡西，從每天三點下課後唱到晚上八、九點，一唱唱到小學五年級。只要有賺錢的機會，我們就去做，這就是life（生活），我很早就知道，要生存就要這樣。有什麼挫折，我爸就拍拍我們的肩膀。日子還是要過，我們根本沒時間去想那些（負面情緒）。」

「吃苦當吃補（台語）。這句話，是真的。」眼神非常有力的吳惠瑜，如是說。

吳惠瑜 小檔案

一九六三年出生，政治大學統計系畢業，曾任英特爾台灣區總經理、威盛業務副總經理、必陞科技總經理、鳳凰科技全球副總裁暨大中華區總經理。

第3章

每天起床，
爲了準備戰鬥

建立信心，學習就水到渠成

馬彼得　羅娜國小校長

建國一百年，總統府前凱達格蘭大道廣場的國慶大典上，四十多位身著布農族傳統服飾的小朋友，正獻唱著《百年禮讚》組曲，如山澗般純真清亮的聲音，響徹十月的天空，自然擺動的肢體與雙手，展現著動人的生命力。他們是來自南投縣信義鄉的台灣原聲童聲合唱團。

合唱隊伍前，背對著觀眾，身材頎長、滿頭白髮的指揮，則是現任信義鄉羅娜國小校長馬彼得。

這是玉山腳下、一個深山部落的故事。

馬彼得原本是一位不識五線譜、不會彈琴、師專體育組畢業的校長，憑藉兩架走音鋼琴，教出全國第一的東埔國小合唱團，並帶著布農族的孩子，兩度登上國家音樂廳演出。

沒學過指揮的馬彼得，手勢並不專業，但手勢很大，有股打破一切的氣勢。很難想像，同樣的這雙手，卻曾恨不得藏起來不被別人看見。

膚色讓他自卑，不敢跟人說話

馬彼得念師專時，有一次搭公車返家路上，手拉著公車上的手拉環，「不知為何我抬起頭來一看，一排手都是白的，只有我是黑的，我立刻把手拿下來，從此不敢再抓上方拉環。」以前的他，害怕跟大家不一樣，而在更深層的心底，是缺乏做自己的自信。

那一年，馬彼得離開山上部落、窮困的家，到台中師專讀書。當時全校原住民學生不到十個，他的膚色最深。「在學校裡面走路，感覺好像全部的人都在看我，連腳都會打結，好像要跌倒。」連走路這麼平常的事，他都沒自信，「我不敢一個人走在路上，一定要跟同學一起走，迎面有人走過來，我不敢看對方，一定會轉過頭來跟同學說話，讓同學掩護我。」

自卑有一種啃蝕人的力量，「沒有信心的人，不敢跟別人不一樣，雖然你很有潛力，但你信心不足，潛力就不能成為能力。」這是馬彼得自己親身的痛。

自信，則可以徹底扭轉一個人，馬彼得也是活生生的例子。

幸運之神，竟然出現在許多人記憶中，「尊嚴」最容易受創的軍隊，馬彼得在這裡找到建立自信的轉捩點。

當兵教唱軍歌，逐步建立信心

有一天，輔導長走過他身邊，聽見他唱軍歌聲音宏亮，就命令他：「明天你來教唱軍歌。」不會看五線譜的馬彼得雖然膽怯，但是軍令如山，只好硬著頭皮教了一堂，而大約也五音不識一個的輔導長，居然告訴他：「很好，以後你就這樣教。」因為他教軍歌教得不錯，輔導長就認為他做什麼都好，什麼比賽都要他去，一點一滴，逐漸建立起信心。「退伍後，我坐公車，已經敢伸出手拉上方的拉環。」馬彼得黝黑的臉孔，笑起來牙齒很白。

這是教育心理學上的「月暈效應」（Halo Effect）。一九二〇年，「教育心理學之父」桑代克（Edward L. Thorndike）發表「月暈效應」實驗研究。他請軍隊指揮官一一評價他的下屬，發現人在評價他人時，常概分為好的或不好的，一旦對一個人的「印象確立」之後，人們就會自動「印象概推」，也就是所謂偏見。當一個人被歸類到表現好的族群，他之後得到的評價經常高於實際表現，就像月亮的光暈，讓月亮看起來比實際更大。反之，當一個人表現不佳，或給人第一印象不佳時，這個弱點或負面特質容易被不斷放大，眾人對他的評價也會遠低於他實際的表現，心理學上稱之為「魔鬼效應」（Devil Effect）。

我們的聲音不對，他們是對的

軍中的「月暈效應」，拯救了馬彼得，化為一股強大的動能，讓他在教育界一路走來，無論是在東埔，或者在更早的兩所國小都用盡全心，想透過合唱創造舞台，建立小朋友自信。

幾年前，還在故鄉久美國小擔任主任的馬彼得，帶著孩子出去比賽，一聽到都會學校的孩子唱法跟他們不同，山上的孩子都嚇到了：「老師，我們不要唱了！」「我們的聲音不一樣，我們的聲音不對，他們的聲音是對的。」他在孩子身上看到同樣「不敢做自己」的現象。事實上，最後那場比賽是由這群聲音渾然天成，沒有特殊歌唱技巧的孩子拿到第一。如果沒有這個機會，他們永遠不知道，自己可以不一樣，而且可以是第一。

「不要小看那些經歷，比讀書還重要。」馬彼得有一個信念：「學習，關鍵就是信心，只要建立信心，學習就水到渠成。」

二〇〇五年，馬彼得在新鄉國小的最後一年，合唱團受邀去香港，在世界兒童音樂節上演出。團中十二歲的松瑋婕，第一次出國，人生也自此有了重大改變。

帶合唱團出國，打開學生眼界

在香港，他們和全世界十個國家、十六個兒童合唱團同台演出，那個和玉山腳下太不一樣的世界，也令松瑋婕目不暇給。她記得到維多利亞港，搭上生平第一艘船，最後上大嶼山看夜景，這些摩天大樓群就在腳下，讓她「感覺好像坐飛機去看夜景！」世界，不再如此遙不可及。

回國前，馬彼得將所有的孩子聚在一個房間內，每個人興奮談起這趟旅程的所見所聞。馬彼得乘機告訴孩子：「今天，校長帶你們到香港，我希望，這不是你們一輩子中唯一一次出國，我希望你們未來能靠著自己的努力，有機會再出國，去很多的地方。」

他的話，瑋婕聽進去了。國小時功課平平，到了國中卻非常認真，畢業後考上台南護理專科學校，是南投縣信義國中當屆畢業生中第二高分。她很清楚自己未來的目標：考到護士執照，再讀國北護（國立台北護理學院），有一天，自己可以靠專業走出台灣。

「校長，我記得你的話，以後我要靠自己的力量出國！」考上護專後，她這樣告訴馬彼得。她是馬彼得信心魔法棒點亮出來的學生。

透過合唱訓練孩子的自信，馬彼得的學生，有相當亮眼的表現。合唱團中有四個考上台中一中，其中三個沒有靠加分。那一屆畢業生才十五個人，其中四個考上台大，一個在東吳。

合唱團不挑學生，只要求紀律

曾有一位記者問馬彼得：你如何訓練合唱團？馬彼得答：我從來不「訓練」，我是「教育」他們。

馬彼得的合唱團從不挑學生，只要有興趣，都可以來跟校長報名，他對學生也不要求音色，但想參加合唱團，卻有一項「天條」不能犯：紀律。他要求：第一，功課一定要準時做完；第二，每天要準時練唱。

「合唱團不僅是練唱，還包括紀律、自制、為自己的決定負責。」馬彼得說。例如，比賽前兩個月，不能吃冰、不能吃油炸品、每天早上跑一千六百公尺，練習呼吸和肺活量……。練唱時為了非常細微的差異，一小段常常要重複無數次，都在磨練孩子。

若是有小孩因為累，中途要放棄。馬彼得也不挽留，只是要學生想清楚，退出後就不能再進合唱團。「昨天有個六年級孩子跑來想要再加入，我說不行，你決定了就要為自己的決定負責。」

他要孩子知道：在人生的過程中，許多機會只有一次，一定要好好把握住。

帕華洛帝第二，缺席照樣換人

二〇〇八年十一月，東埔國小的二十四個孩子，開拔到南投縣文化局參加合唱比賽。

但是在比賽前一天，馬彼得竟換下了團裡聲音最好，被馬彼得盛讚為「帕華洛帝第二」的男生。原因是，這個「帕華洛帝第二」在關鍵時刻，接連無故缺席練習，馬彼得斷然不准他上場。為了湊足最低報名人數，換上一個剛來不久的新手，嗓音沙啞。「我們不是為了贏才去唱歌。」他對著所有的孩子說，做錯事的男孩站在窗邊低著頭，「唱得再好，不來練習，是對自己不負責任。」他不甘心被套上原住民散漫、生性浪漫的刻板印象，「合唱，只不過是實現我幫小孩子改變的一種教育策略。」

對於馬彼得，藉合唱找到一條通往改變的路，培養原住民菁英，才是他背後真正的大夢想。

「很多人對『菁英』這兩個字很反感，沒錯，在都市中多一個菁英沒什麼了不起，但是原住民多一個菁英，形成典範，就會形成帶頭作用。」馬彼得說。

辦音樂學校，培養部落菁英

二〇〇八年五月，他的夢終於再往前推進一步。在台灣原聲教育協會組織下，成立了台灣原聲童聲合唱團，由馬彼得帶領，以南投縣信義鄉十一個部落的國小為招生對象（低收入戶及失能家庭子女為主），學校成立目標，開宗明義便是：「我們希望孩子喜歡上學，依規定做作業，認真、有自信。」落實「教育的首要目標在於建立信心」的理念。

自信，是馬彼得親身走過的人生轉捩點。因此，他要讓原住民孩子們也都永遠擁有。

二〇一一年還沒結束，台灣原聲童聲合唱團一年八場演出額度，就已經申請額滿。以合唱為教育手段，以孩子的天賦為籌碼，馬彼得的心願又長大了：「希望台灣原聲童聲合唱團可以像雲門舞集或明華園歌仔戲一樣，成為台灣的驕傲。」

馬彼得 小檔案

一九五八年出生，台中師專（台中教育大學前身）體育組、新竹師範學院初等教育系畢業，曾任南投信義鄉久美、新鄉、東埔國小校長，現任羅娜國小校長、原聲童聲合唱團指揮。

與其輸得苟且偷生，何不壯烈發揮到極致

陳彥博　南極超馬亞軍

陳彥博，全球最年輕的超級馬拉松好手，他寫下磁北極六百五十公里大挑戰歷屆最年輕選手成功完賽紀錄；締造一年內連續完成北極點馬拉松、南極一百公里超級馬拉松挑戰賽紀錄，也分別獲得季軍和亞軍。

陳彥博的老師、台北市成淵高中田徑隊教練潘瑞根解釋，馬拉松只要有衣服、鞋子，就可以比賽，但超馬要在原始大自然，背著十幾公斤重的裝備、水和食物、緊急醫療用品，是一場沒有觀眾、喝采、獎金的自我意志突破賽。

選擇挑戰超馬，陳彥博告訴自己，「一遇到問題就放棄，下次也會想放棄。」如果自己定的規則都可以打破、輕易拋棄，以後可能會打破更多規則。唯一的路，只有讓自己沒有退路。

南非喀拉哈里沙漠，是陳彥博替自己規畫「五七八計畫」（五年內挑戰七大

洲、八大超馬賽事）中的第四站考驗。沒想到，這竟是一場狀況最不利、他最始料未及的參賽經驗。七天之中，每天都有超過十種理由，可以讓他說服自己無法再跑下去。

跑出四顆血泡，又迷路三小時

賽事第一天，陳彥博就發生這輩子唯一一次鞋底因高溫脫落，他的腳掌因此踩到石頭而刺痛；甚至，第二天早上十點，氣溫開始飆到近五十度，悶到快無法呼吸，有五位選手因此退賽。

第三天，主辦單位決定借陳彥博一雙鞋，但卻是雙大了一號半，不合他腳的鞋。他的腳趾因為鞋不合腳，和泥沙不斷摩擦，長出四顆血泡。為避免感染，賽後要由醫師插針埋線穿過腳趾頭，放血。夜裡，傷口刺刺痳痳的疼；一早，他還得在皮和肉之間拉出隨血而乾掉的線。接下來的四天賽事，同樣的放血痛楚就這樣一再重演。

第六天，他因為迷路三小時嚴重影響成績。

當晚，陳彥博在帳棚下翻來覆去，「壓力大到我真的很害怕。」他拿出紙筆，邊哭邊寫下日記：「怎麼那麼笨、怎麼會迷路，迷路前十分鐘就應該折返，為什麼繼續向前跑……。」

罵自己後，他反而得到沉靜。「今天是今天、明天是明天，又是新的一天，再怎麼罵都沒用，」陳彥博和自己內心對話，昇華到另一境界。

追回十七分鐘，連水都沒補給

第七天一早，大會說，他差第三名十七分鐘，第五名到第八名的成績，則是和他很接近。

「如果超過二十分鐘我絕對追不了，」聽到成績，他判定最後二十五公里有機會追回十七分鐘，隨即心境一轉：「與其輸得苟且偷生，何不壯烈讓所有一切發揮到極致。」他決定要試試看自己的極限在哪裡。

最後一天，陳彥博一起跑就陷入瘋狂，到達第一個檢查站，其他選手約花了五分鐘記錄時間、吃營養品、補足水分，陳彥博則是記錄完時間，三十秒就衝出去，連水都沒補給。

「那一點點機會真的是要你發了瘋，全心全意的專注在每一秒，」其他選手懂得撥開河邊刮傷皮膚的草叢，手腳都刮傷流血的陳彥博仍一路衝。他捲起褲管，小腿一道近十公分的疤清晰可見。

克服心理極限，比生理更關鍵

陳彥博拚了命的追回名次，同樣快速通過下個檢查站，「他要幫我加水，我說不用，我只有一袋水，我知道很渴、很痛苦會頭昏脫水，可是我知道只有這個機會，每分每秒只要一放棄，就沒機會了。」

「極限，由自己定義！」在陳彥博的眼中，克服心理的極限，比生理的極限更關鍵。

儘管，再過一點點就是終點，但心理永遠會告訴你腳趾痠痛、頭痛頭暈想吐、眼前影像重疊，一定要克服這些心理上給自己的挑戰，「越痛苦的時候，你要激起心中堅強的意志力。你就是不能被外在環境跟遇到的問題所打倒，然後告訴自己說：還不夠、還不夠、還不夠！」

「離終點越近，每一步越扎實，扎實到心坎裡……，一經過終點線，這種情緒是整個爆發在全身，這是一種夢想的灑脫。」

到達終點，陳彥博至少哭了五分鐘，他把落後的十七分鐘追回來了，如願摘下這場賽事的第三名。

陳彥博 小檔案

一九八六年出生於台北，國立體育大學陸上技術系畢業，曾創下磁北極六百五十公里大挑戰歷屆最年輕選手成功完賽紀錄；二〇〇九年至二〇一三年，五年內完成世界七大洲、八大站超級馬拉松賽。

我相信只要想做事，老天一定會幫我

黃麗燕　李奧貝納廣告董事長

「學歷不行，美貌不行，人脈沒有，你想想看我有什麼？英文也不行……。」現任台灣最大廣告公司——李奧貝納董事長黃麗燕這樣評價自己，但她卻讓原本手上的一手爛牌變好，甚至翻轉了命運。

關鍵就是「你有多看重自己！」黃麗燕說。五專畢業的她，原本只是外商公司的打字員，工作五年多，她就坐上行政主管位置，但是卻在高峰時，選擇辭職。

黃麗燕到奧美廣告應徵ＡＥ，但因為行政管理和廣告領域的專業不同，她的薪水立即被砍一半，別人不能接受的低薪，她卻想：「我做事還可以學習，人家還給我錢，有什麼不好？」

為了爬更高，黃麗燕工作比別人更拚。曾經，她在半夜發生車禍，車子隨時可能爆炸，好不容易爬出車身而得救的黃麗燕，卻因為想起放在車上的一卷錄影帶，又衝回去，旁人忍不住大喊：「小姐，性命卡重要啦！」披頭散髮的她大聲回答：「這個帶子我明天要給客戶用！」

我沒時間抱怨，只會想下一步

碰到負面的事，她會說：「我沒時間抱怨，我只會想What's next?（下一步是什麼？）」這讓她面對挫折時不會尷尬想逃避，而是面對。

李奧貝納是全球有九十六家分公司的美商，別人說話穿插幾句英文單字，但黃麗燕是講沒幾句就切換成台語頻道。跟老外客戶講電話，她會講到一半請對方Hold住，她要打開手機查單字。

有一次，聯廣董事長余湘問她：「英文不好一定很痛苦吧？」黃麗燕的回答是：「我英文哪有不好，我和老外都可以溝通啊！」像是「便秘」，她就講「no shit out」她理所當然的回答，讓其他人也自然接受。在這過程中，她還是繼續努力學英文。「我相信只要我想做事，老天一定會幫我。」

二〇〇九年，李奧貝納失去占公司四分之一業務量的客戶中華電信。隔天，她立刻搭機飛往香港見她老闆，老闆劈頭問：「準備裁哪些人？」黃麗燕回說：「我沒帶（名單），但我帶了我的辭呈。」

「如果你把我砍掉，我保證你今年業績一定做不到，如果沒把我砍掉，你今年還可以做到業績，如果沒達到目標，我辭呈在你這裡。」黃麗燕對老闆說。

結果，二〇〇九年底，公司反而新增十五個新客戶。在她帶領下，李奧貝納連五年蟬聯台灣第一大廣告公司，每年業績都創新高。

黃麗燕 李奧貝納廣告董事長

銘傳商專（現為銘傳大學）觀光科畢業，曾在嬌生公司，從打字員當到行政督導，後進入奧美廣告從 AE 專員，一路升為主任、經理、總監，再做到董事總監，現為台灣最大廣告公司李奧貝納董事長。

對自己非常嚴格，才能保有戰鬥力

安藤忠雄　日本國際建築大師

全球知名的日本建築大師——安藤忠雄，是建築界傳奇人物。成功的背後，是五十多年如一日的「戰鬥」毅力。

安藤從小立志成為建築師，因為經濟因素，他高職畢業就無法繼續升學，必須到家具店做學徒。只要有空，他就會跑到附近的書局去看書直到晚上。他還規定自己每天少吃一餐，存錢買書。為了學「正統」建築知識，趕上東京大學建築系的四年課程，「每天早上八點起床念書，不眠不休到凌晨三點才休息。」

一九六九年，安藤終於如願在家裡開建築事務所，沒名氣又非正統，開張一年多後，才有一位朋友請他幫忙蓋一間三個人住的小房子。這時最省錢、基本的「清水混凝土」（無表面裝飾的混凝土）躍進安藤腦中。

當時一般建築師都認為這只是最基本「入門」技藝，實際上，清水混凝土並不好做，因為清水混凝土只要有一點點瑕疵，外觀就非常明顯。接縫沒接好、水與石頭的比例不對、灌漿的力道沒掌握，都會使模板出現變形，外面甚至會有裂縫。而即便這些做好，多數人也沒有辦法做到一拆開模板，牆壁沒有一丁點氣泡空隙、不粗糙。

九五％競圖退件，還屢敗屢戰

曾在安藤事務所工作的十月設計事務所負責人陳瑞憲說：「他是那種願意以一生來煮出一道完美的湯的專注工作態度。」

安藤會獨自到日本四處去找最好的建築石頭，而且不斷的研究水與石頭的比例。再者，他還會考慮氣候不同，要用不同比例調配。對細節的重視，甚至連一根攪拌的竹竿都要研究。

他曾說：「我一定要對自己非常嚴格，才能保有戰鬥力。」在事務所開張七年後，安藤以清水混凝土的「住吉的長屋」獲得日本建築學會獎，但還是無法獲得日本建築界的認同，他決定不理會外界雜音，一方面繼續競圖，即使退件率還是高達九五%，但是，他反而針對每次退件作品，重新思考究竟哪裡能更好，再花時間重做一個，「我們事務所的人都會說：『受不了，安藤又要競圖了！』」安藤打趣的表示。

憑著屢敗屢戰的精神，安藤終於在一九九五年獲得國際肯定，拿到建築界的諾貝爾獎「普立茲克獎」。這年他五十四歲。超越極致的建築表現，是超過二十年光陰、不斷跟自己戰鬥的成果。

安藤忠雄 小檔案

一九四一年出生，城東工業高校畢業，自學建築。一九六九年創安藤忠雄建築研究所，以清水混凝土建築聞名於世，一九九五年獲建築界最高榮譽「普立茲克獎」。

能遠仍須能忍，拿到一手爛牌也要好好打

林重文　鑫山保險代理（上海）董事長兼總裁

二〇一一年十一月七日晚上，上海金茂大廈二樓君悅酒店宴會廳，中宏人壽熱鬧舉行十五週年慶，晚宴才剛結束，林重文回到位於金茂六樓的辦公室，坐在辦公桌前，凝望著窗外黃浦江畔燈火輝煌的浦東新區，沉吟半晌，他拿起公事包走到門邊，關上燈，輕輕把門帶上。

「十點十分。」林重文低頭看了一下手表，灑脫的走出辦公室。這是他最後一天上班，他退休了，卸下中宏人壽總裁職務，長達三十五年的壽險生涯，在這天暫時畫下句點。

在台灣壽險業界，林重文是少數從第一線業務員，做到壽險公司總經理的人，歷任南山人壽業務代表、處經理，第一人壽和台壽保執行副總、慶豐人壽總經理。

二〇〇一年九月，他加入宏利人壽，擔任亞洲地區業務發展副總裁，〇三年，

他再上層樓，轉任宏利和中國中化集團合資成立的中宏人壽總裁，一做就是八年八個月。

剛邁入六十歲的林重文，外貌比實際年紀看起來年輕，但在壽險業長達三十五年的資歷，在業界「輩分」相當高。

翻開中國壽險史，他無疑是中國境內外資壽險圈任期最久的外籍CEO，也是台灣壽險業界轉戰中國在位最久的台灣籍CEO。

回顧他剛到上海接任時，中宏只有上海、廣州兩個分公司，從業人員不到兩千人，他退休時，中宏營業據點遍及全中國四十九個城市，是中國分支機構公司最多的外資保險公司，營銷人員高達一萬五千人，亮眼的成績，讓他在中國壽險圈，備受矚目。

然而在事業攀上頂峰、人生最輝煌之際，他選擇提前退休，風光下台。

入行十六年後，立志要當總座

他的成功看似一路順遂，但回顧一九九二年到二〇〇一年在第一、慶豐及台壽保的近十年間，林重文三度從人生最高潮掉落谷底，為了長遠的計畫，他選擇了

「忍」和「等」，以淬煉人生，從此海闊天空，飛向更高峰。

一九七六年當兵退伍後，林重文即專職投入南山人壽保險業務，這是他的第一份工作，也是職涯中唯一待過的行業。

憑著一股衝勁和對保險事業的熱情，林重文一路從業務代表、業務主任，升到區經理，五年後當上營業處經理，帶著三十三名業務員衝鋒陷陣。

年紀雖輕，但從7-Eleven開店模式，他看到複製力量帶來驚人的發展遠景：一家小店、兩、三名員工，只是小事業，但當它變成五百間、一千間店時，就成為一個大事業。於是他以這種前瞻的思維，採用大量「複製」人才、積極增員的行銷模式，十年間，成功的發展出十個營業處、兩千多名營業員的菁英團隊。

當年，不到四十歲，林重文年薪逾五百萬元，開的是賓士高級名車，人生攀升至高峰，意氣風發，像一隻傲氣十足的孔雀。

此時入行已經長達十六年，不甘於滿足現狀的林重文亟欲突破，強烈的想要學習企業管理的念頭一直縈繞心頭，「我以後要當一家壽險公司的總經理，」他清楚立下未來的終極目標。

一九九二年，一個大好的機會出現了。

當時，國內保險業市場逐步開放，國內「老八家（編按：民國八十二年之前已設立的八家本土壽險公司）」之一的第一人壽，由郭醫師家族接手經營，為了因應市場開放競爭，力圖擴大事業版圖，大肆挖角南山體系的人才。

當時在南山帶兵兩千名的林重文，自然成為被高薪挖角的目標之一。這是他人生中的一大轉捩點。

帶兵跳槽衝太猛，竟錯失總座

當時第一人壽營業部門有效人力不到一百人，林重文網羅了南山六十六名傑出的業務大將，帶著「六十六粒種子」轉戰壽險事業的第二個舞台——第一人壽業務副總。

不愧為衝刺業務的第一把好手，不到兩年，這些種子發酵茁壯，幾乎全省遍地開花，業務人員衝高達到一千多人。林重文締造的業務績效，讓第一人壽挾著「小南山」的氣勢，很快的在業界重新定位，打出一片天。

林重文成為董事會和經營階層的「紅人」。一九九三年六月間，當時的第一人壽董事長郭功立找林重文談，他說：「明年二月一日總經理的任期屆滿時，董事會將換掉總經理，你好好做接任的準備。」

過去在組織中當「將軍」，屬於驍勇善戰的「軍事家」，熟識他的南山人形容他：「不好『搞』；有才氣，但得理不饒人。」到了第一人壽當業務部副總仍不改直言敢言的個性，且為了團隊爭取利益，經常衝過了頭，剛正強硬的性格，一路爭到底，就像滿是尖角銳利的礫石，傷了別人也傷了自己，卻渾然不自知。

畢竟他不是「政客」，對於有如官場的職場政治中，爾虞我詐的險惡情勢，卻不善於應對，最後無端捲入董事會的家族權力之爭，他成了一個被操弄的棋子。

一九九四年二月初，董事會通會的總經理人選，卻另有其人，他才驚覺「自己被出賣了」。

過去，他在職場一帆風順，這次，卻從雲端重重摔落到懸崖峭壁之下。

學德川家康，杜鵑不啼等牠啼

是走？還是留？他陷入天人交戰。

當年衝著他轉戰第一人壽組成的新團隊，好不容易積累了兩年的成績，如果走了，一切都將化為過眼雲煙！

他思忖著，若選擇玉石俱焚，一定是三敗俱傷，團隊也將因而撕裂，損傷太大。況且，若離開另闢戰場，能否東山再起？

而為了安撫他，董事會升任他為執行副總。但若留下來，他的尊嚴受辱，如何面對部屬和新的管理者？

當時也是第一人壽董事之一的廣陽集團董事長張耀煌，曾點出他的困境：「敗在太強勢。」他鼓勵林重文，沉潛歷練，一、兩年後實力更強，會有更好的機會和發展。

最後，為了當初衝著他而投效第一打拚的業務同仁，林重文決定負起道義責任，忍辱負重留下來。

當時的林重文，是裡子、面子皆輸，但他決定用平常心面對工作和人事紛爭，努力工作、全心投入，把它當成人生歷練學習的場所，同時下決心：以後要重塑形象，建立圓融處世治事的形象。此時，他進入政大企家班EMBA學習管理課程，一九九四年到一九九七年結業。

台大歷史系畢業的林重文，最喜歡看的是歷史人物傳記，對於日本近代史上有名的戰國三雄之一的德川家康頗感興趣，在那段受挫困頓期間，他買了一整套的德川家康文集，在家裡仔細拜讀。

他記得其中一篇文章以「杜鵑不啼，要聽牠啼，有什麼辦法？」來描述織田信長、豐臣秀吉、德川家康等三雄，各異其趣的領導性格。其中，織田信長回答：「若杜鵑不啼，我就殺了牠！」而豐臣秀吉則說：「杜鵑不啼，我就逗牠啼！」至於德川家康，他說：「杜鵑不啼，就等牠啼！」由此可見，德川將軍的忍功一流。

甚至，織田信長無情的要求德川家康殺妻殺子，他都能忍辱負重，含淚弒殺至親，由於能「忍人之所不能忍」，最後「成人之所不能成」，德川家康六十歲才掌大權，成為江戶幕府的第一代大將軍，創建近三百年的江戶時代。

看完德川家康全集後，對於他能屈能伸、能忍能放，忍耐和等待的功力，林重文大為折服，也以他做為管理組織帶兵征戰時學習的典範。

帶兵兩千剩兩人，還是繼續忍

一九九五年，因家族企業經營不善，郭醫師家族擬拋售第一人壽股權，由原大股東之一的慶豐集團接下郭家股權，並改名為慶豐人壽。

未料五月股東會後的董事會改選，身為執行副總兼董事的林重文，卻被剔除董事職銜，被劃離權力核心，連「執行」副總頭銜也被拿掉。

到了年底，慶豐人壽董事會通過成立國際事務部發展大陸事業，隨即正式發文由林重文接任該部門，免兼業務部業務，原本帶兵兩千餘人的大將軍，手下只剩兩個部屬：一位秘書和他努力爭取來的一位副理。

「我像被砍斷手腳，廢了武功一樣。」林重文徹底失去了發揮的舞台，這個打擊更大，一輩子從來沒有過的失落感襲來。那一年，他敬愛的母親因癌症病逝，人生更陷入低潮。

但這一次，他再度沉住氣，打算效法德川家康「忍耐」的功夫，「等待」撥雲見日的時機，他要做大鵬鳥，眼光遠瞻，因為他的心中已有遠大的藍圖。

一九九〇年代初期，中國大陸實施改革開放保險市場政策，林重文即看好未來壽險事業的舞台是在大陸，台灣不過是「實驗劇場」，當時他就立下「逐鹿中原」的目標，未來要帶領團隊移師大陸。調任國際事務部，無疑正是他放眼大陸的大好機會。

儘管心情悲憤異常，但換一個角度思考，心境就海闊天空。他積極安排大陸考察，為逐鹿中原的未來規畫布局。

在那段沉潛期，他專心完成政大企家班的學業，開啟了在管理領域的視野，他決定要「穩」和「忍」，並沉靜心思，把在南山十六年經營組織的實務經驗，用個案方式完成《精英團隊》一書，變成壽險業實用的行銷教科書。

如願登上董座，卻遇金融風暴

而當時的慶豐人壽董事長鄭鐘源發覺，林重文其實是個可用之材，很快的，企畫、行政、資訊、人力資源等部門，都一一指定由他接任，整個公司除了財務部外，各個單位他都管過，對公司的管理運作瞭若指掌。最後，他重獲兵權，回頭帶領業務體系。

一九九九年初，林重文獲董事長正式任命，升任慶豐人壽總經理。他終於圓了總經理的夢，但這條路，走了七年。

如果當年林重文選擇離開慶豐一切重來，但在競爭激烈的壽險戰場上，雖然執掌業務兵權，因沒有完整的企業歷練而難登ＣＥＯ寶座，或許仍在多家新保險公司中載浮沉淪。

然而，好事總是多磨。

才接任總經理未久，因受亞洲金融風暴影響，慶豐集團操作衍生性金融商品失利，打算處分非核心事業的慶豐人壽股權。

由於慶豐人壽在林重文積極帶領下，業務團隊已增至兩千多人，已小有規模，被多家新籌辦的國內外商壽險公司看上。最後，保誠人壽以每股十七元價格買下，慶豐人壽走入歷史。

身為慶豐人壽「末代」總經理，林重文全心協助慶豐人壽和保誠的購併案，由於當時保誠和中國中信公司合資，剛拿到中國區壽險業務執照，因此新東家安排要派任林重文到廣州，負責大陸市場開發。

愛將遭資遣，棄百萬獎金出走

一九九九年十月底兩家公司完成移交，十一月正式接手後，保誠公布一份新的人事命令，原慶豐人馬的職務安排令全公司譁然，原來九月二十九日保誠和慶豐共同宣布購併案後，對於人事布局早已規畫完成，保誠人馬均居要職；最難堪的是，兩名原本受林重文器重、考績年年優等的重要員工，竟被解職資遣。

當時已準備為大陸工作大展身手，請了一個月長假休息並處理私事的林重文，聽到消息時，內心震驚、氣憤，心情非常惡劣。他陷入非常大的矛盾，心想：同在一家公司效命，卻連保護老同事的能力都沒有，面對經營階層這種不近情面的管理作風，頗不能認同，已影響未來共事時互信互賴的基礎。

事實上，林重文只要委屈一下，拖過十二月再請辭，就可拿到近百萬元年終獎金，這次，他不再隱忍，決定出走，放棄馬上實現到大陸發展的夢想，和唾手可得的厚「利」，以實際行動為老同事負責，又不必擔負當前朝遺老而犧牲同事利益的罵名。

挫折使人沉潛，將尖石磨成圓

他轉戰剛民營化的另一家本土公司——台壽保，擔任執行副總，重新搭建舞台並厚植實力。在台壽保一年八個月，他把它視為跨入人生另一階段、蓄積能量的過渡機會。而當時另闢蹊徑，跳槽到從公營機構轉型的壽險公司，業務單位、董事會和經營階層之間，呈現多頭馬車的情況，面對管理及業務的強大壓力，讓他每週須去拔罐才能紓解，鬱積的血氣用針扎下去，流出來都是濃得化不開的血塊。

「挫折是老天給的最好的禮物，使人沉潛反省，」他說：「但面對排山倒海的壓力和挫敗，要能側身而過。」一心高氣傲的林重文，原本像一顆尖銳的石頭，慢慢被磨成一顆圓石，使他的身段更柔軟、處世更圓融。

林重文不諱言，回首那段鍛鍊期，是磨鍊心智的最好機會，能夠忍、挺得住，才淬礪出從容不迫、舉重若輕。

他感慨的說：「拿到一手爛牌也要好好打，只要態度積極，即使挫敗困頓，也可以發揮自己的價值，創造出精彩。」

十年磨一劍，終再拿回發牌權

果然，「十年磨一劍」。林重文心向大陸的願望，再次等到一個大好機會。二〇〇一年，他加入宏利人壽，轉戰中原，並抓住機遇，二〇〇三年當上中宏人壽ＣＥＯ，成就了此後近十年的人生高峰。

「能遠仍須能忍」，林重文為那段挫折的人生下了註解。

如果不能夠忍，在當年保險公司大鳴大放的時代就跳來跳去，而學不到管理的功夫，不能厚積實力，就得不到更大的舞台一展長才。因為沉潛遠慮，林重文最後終於重新拿到發牌權，取得王牌，打下最漂亮而美好的一場牌局，人生也從此巨大轉折。

在金庸武俠小說《倚天屠龍記》中，有段情節敘述張無忌用九陽神功逼退滅絕師太時，想到《九陽真經》裡的一段話：「他強由他強，清風拂山崗；他橫由他橫，明月照大江。他自狠來他自惡，我自一口真氣足。」

林重文一路努力脫困，跳越挫折的情緒，追求「清風拂山崗，明月照大江」的境界。終於，十年後，在黃浦江畔實現了他胸懷大陸的夢想，人生更寬闊。

林重文 小檔案

一九五二年出生，台大歷史系畢業，曾任南山人壽營業處經理、第一人壽執行副總、台壽保執行副總、宏利人壽副總裁、中宏人壽總裁。

躺在光榮簿上睡大覺，遲早會被淘汰

柴田和子　日本保險不敗女王

柴田和子，連續三十年拿下日本保險業第一名；曾經一年拿下新台幣逾百億元（以當年匯率換算）的保單，相當於八百零四位業務員的業績總和；連續十五年平均年收入都在新台幣億元以上。一個貌不驚人的歐巴桑，如何成就三十年的不敗銷售傳奇？

九歲時，柴田罹癌的父親病逝，留下大筆債務，她與母親、兄妹相依，對柴田來說，對貧窮的恐懼有多巨大，想成功的欲望就有多強烈。

入行第一個月，柴田在銀行工作的哥哥，轉介了一張新台幣一千萬元的企業保單，她開始想，要如何才能拿下大額的企業保單？突破企業的關鍵，就在銀行！

柴田花了一個月，跑了九十七家銀行，全都被拒。但她卻想：「這樣也好，我拿不到，代表別人也拿不到……，但只要突破，後面就一定沒問題！」

終於，有家銀行分社長幫她介紹了七家企業。從此她拿到打開未來金庫的鑰匙，成功經驗開始被快速複製。

看起來越棘手，越應該去嘗試

入行第四年，她以東京第一名出席全國表揚大會，但全場的焦點都集中在全國冠軍一位「極美的」業務員身上，沒人理睬她。不被尊重的感覺，激勵柴田邁向全國寶座。

「那是激勵我邁向全國寶座的動力，」她尋求再突破，「一般要攻陷大公司，就要從總務、財務、人事、秘書開始，然後到董事會。」但她決定不循一般軌道，改採擒賊先擒王策略，柴田甚至直闖豪門院邸，「這種戒備森嚴的住家，裡面一定都是有錢有勢的大老闆！」「越是別人不去的地方、越是不起眼的地方、看起來越棘手的地方，就越應該去嘗試。」

儘管柴田的人生高峰超乎常人，仍有低潮。

一九九二年，日本股市從三萬點墜落，柴田整整一個月，拿不到一張保單，業績退回到十幾年前的標準；原本單月可拿下三十億日圓，只做了四億。

「這是第一次出現這麼可怕的光景，堅強如我，也不免背脊發涼，覺得自己氣數已盡，連睡覺時也冷汗直流。」她回憶。

然而，「三歲的靈魂會跟著你到一百歲，」幼時情景再次浮現心頭：「媽媽背著貨物到處做生意，我得在家裡照顧十公斤重的妹妹。那樣的苦也都過了呀！」遇到困難時，她習慣找方法。

有時間哭的話，就去拜訪客戶

「如果一心認為沒辦法，那就什麼也無法改變吧！」「如果有時間哭的話，就去拜訪客戶！」

兩個月的低潮，她回想起過去學到的「絕望哲學」：「如果身處深淵底層，那麼就要想，明天一定會比今天更好，所以要感謝絕望。假如第二天更糟糕，那就要懷著揶揄的心情，看看『究竟還會背到什麼地步』，來跟絕望感周旋！」

於是，柴田開始調整步伐，大環境不對，她改爭取個人保單，假日也不休息，拜訪量比之前增加三成；兩個月後，她穩住第一名寶座；「躺在過去的光榮簿上睡大覺，遲早會被淘汰。」她說。

兩年後，她再次進金氏世界紀錄，成為世上兩度入選金氏世界紀錄的保險業務員第一人。

一個曾一無所有的女孩，因為貧窮，練出無所懼的器量，以超乎常人的膽識，抓住企業保險市場大起飛趨勢，奮力崛起。現在，七十七歲的她，依舊穿著亮麗洋裝，持續在逆風中，奮鬥不懈！

柴田和子 小檔案

一九三八年出生於東京，現任職日本第一生命，是日本保險界的不敗女王，一九七八年起蟬聯三十年日本業績第一，一九八八年和一九九四年以「日本第一的保險業務人員」，登上金氏世界紀錄，兩度擔任MDRT日本分會會長。

要認分，但不要認命！

郭昇　世界拔河金牌教練

一位體育老師、一群家境貧困的體保生，他們，用一條繩子，翻轉了自己的命運；他們，是二〇一〇年至二〇一二年替台灣拿下十五面拔河世界金牌的景美女中拔河隊。他們的故事，更被拍攝成電影《志氣》。

景美拔河隊教練郭昇說，拔河隊八成孩子來自弱勢家庭，有人父母雙亡，靠視障阿嬤按摩扶養；有人父親患精神病。而這裡有提供清寒學生獎學金，郭昇說：「家裡環境不錯的父母，都不會讓孩子來練拔河，太苦了！」

郭昇知道，靠拔河，這些孩子才有機會進入大學，甚至未來有穩定的工作。因此經常對她們耳提面命：「妳們是體保生，可以不認命，但一定要認分……。」

每天，她們就是握著粗礪的粗繩不斷往後拉，整整三個小時。兩根鐵柱刻著孩子們創下的紀錄與名字，從五百七十公斤到六百二十公斤，最後來到八百五十公斤。這些女孩，在郭昇的帶領下，一個人平均可以拉比體重多一倍的重量。

這群孩子上衣的磨破痕跡就像被撕爛過數百次，手上有著厚繭，腰上也有一圈幾乎是黑色的勒痕。腳上的拔河鞋，看起來很新，因為多數時間，孩子們都捨不得穿，否則一個月就會磨壞一雙鞋子。

打破百年魔咒，她們摘下金牌

帶著一路苦練所累積的實力，二〇一〇年景美拔河隊踏出國門，飛到韓國，擊敗了所有亞洲強國隊伍，創下「完全制霸」的紀錄。而等在她們眼前的，是要飛到南非，挑戰難度更高的拔河室外賽。

然而，難度真的很高，拔河運動是歐洲人的文化，公園隨處可見繩子供大家練習，百年來，亞洲人都沒能打入前八強。而且她們面對的，是連續拿了五年冠軍的瑞典。

比賽開始，哨音響起，郭昇大喊：「猛攻！」這個跟過去完全不同的戰略，讓瑞典慌了手腳，景美拔河隊拚命往後拉，僵持了一分鐘，「嗶～」裁判的哨音響起，瑞典第一局竟然輸了。第二局，景美更在三十秒內就把對手擊潰。

當瑞典隊全員坐倒在地，露出一臉錯愕的表情時，郭昇高舉雙手，激動到不能自已。

在南非晴朗天空與綠地的見證下，這群個頭比別人嬌小、環境條件都比別人差的亞洲小女孩，眼眶含著淚，成為全場的超級黑馬，贏得了一百一十年以來，亞洲國家在世界盃室外賽的第一面金牌。

這群小將後來保送師大，減免了學雜費，未來還有機會可以當老師。現在，新一批隊員也想透過繩子翻轉一生。原來，自己親手掙脫命運的包袱，真的有可能。

郭昇小檔案

景美女中拔河隊成立於一九九四年，郭昇教練從二〇〇三年開始帶領拔河隊征戰國內外賽事，自二〇一〇年至二〇一二年，連續在世界盃、歐洲盃、亞洲盃拿下十五座國際比賽冠軍獎盃，二〇一三年七月更奪下世界運動大會拔河金牌。

只有一直打，才有機會變好，放棄，就什麼都沒了

莊智淵 世界桌球雙打冠軍

二〇一三年五月十九日，中華奧會會旗在法國巴黎舉行的世界桌球錦標賽中升起，莊智淵與陳建安拿下台灣桌球史上第一面世錦賽金牌，更阻斷中國隊在桌球世錦賽男雙十連霸的紀錄，而受到國際媒體報導與重視。

「我覺得我進步最多的，是心態！」這位在台灣已和桌球畫上等號的大將莊智淵，談的已不是球技。但他曾經歷一段多數人都不知道的低潮期。

莊智淵最好成績是在二〇〇三年，世界排名第三，被列為世界桌球壇的三大新星之一。各國好手開始緊盯莊智淵的打法，為求突破，他改變訓練方式，狂練他較弱的正手，結果正手沒練好，擅長的反手也變得很糟，比賽成績跌落谷底。

「心態不對、技術也不行，整個都不對，」莊智淵說。好幾次比賽，打到三比一領先仍會被逆轉，之後只要打到三比一他就會出現心理障礙，覺得自己會輸。

問他堅持下去的原因是什麼？「喜歡」與「毅力」，他說，「只有一直打下去，才有機會變好；放棄，就什麼都沒了。」

輸很久、很久，才擺脫亞軍宿命

莊智淵小時候不是突出的球員，身高不高，體型不好，爸爸告訴他，「沒關係，把基本功練好就好。」於是，他加倍努力。還是小學生的他，常常坐夜車去參加比賽，但因為是單淘汰賽，他常打一場輸了就回來，「就是輸很久、輸很久，一直輸到六年級。」終於在認真練習兩年後，得到第一個獎。

「我人生打球拿了很多第二，我青少年國手時期沒有拿過第一……。」從人生的第一座獎盃開始，彷彿，命中注定似的，他常常與冠軍絕緣，攤開歷年得獎紀錄，多半是亞軍、四強、八強這樣的字眼。

這次和莊智淵一起奪冠的小將陳建安認為，比自己長十歲的前輩莊智淵，有許多可學習之處，但他最佩服的，還是莊智淵的毅力。「大家從早上九點開始練，練到十一、二點就都不行了，可是他只要覺得不夠好，就會一直練下去。」

莊智淵的哥哥莊智雄說，弟弟先前練到腳底起水泡，還一直繼續練，直到把襪子丟到洗衣機，才發現都是血水。

莊智淵自嘲，「可能有人覺得很白癡，同一種動作幹嘛一直重複練，」這是他的堅持。「但是，我就是要把它練到好，不然幹嘛練！」這就是莊智淵從亞軍走到冠軍，這一小步之間，最大的心得。

莊智淵 小檔案

一九八一年出生於高雄。台灣男子桌球代表人物，最佳排名世界第三名。二〇一三年與陳建安搭檔，拿下台灣體壇桌球史上第一面世界錦標賽雙打金牌，為二十年以來最好成績。

第4章

成功，因爲不想再失敗

恐懼，造就偉大

任正非　華為總裁

華為，一家神秘的中國企業，它的創辦人任正非，退伍軍人，四十三歲的時候，以人民幣兩萬元創業，一路攻城略地。

華為，是一家百分之百民營企業，也是《財星》（*Fortune*）世界五百強企業中唯一一家沒上市的公司。根據華為公布數據，二〇一四年營收將達四百六十億美元，可望續坐全球通信產業龍頭。它的營收，七成來自海外，超過二十億人每天使用華為的設備在通信。

《時代》雜誌稱它是「所有電信產業巨頭最危險的競爭對手」，愛立信全球總裁衛斯伯（Hans Vestberg）則說：「它，是我們最尊敬的敵人。」早在二〇〇三年，當時全球最大網路設備公司思科（Cisco）便曾在美國控告華為侵犯智慧財產權，起訴書多達七十頁，求償天價。

一個產業龍頭向當時才冒出頭的華為宣戰，道理很簡單，正是因為意識到華為技術、價格雙雙產生威脅之下，如果不剷除，將會是可怕的後患。果然，十年後華為的確成為思科如芒刺在背的對手。

唯惶者能生存，天天思考失敗

「十年來我天天思考的都是失敗，對成功視而不見，也沒有什麼榮譽感、自豪感，而是危機感。也許是這樣，才存活了十年。」說這話的，正是任正非。

如果說，鴻海集團總裁郭台銘是台灣的成吉思汗；在中國，帶著部隊征服全世界的，非任正非莫屬。

任正非四十歲才從軍轉商，剛開始不熟悉如何做生意，曾被騙走人民幣兩百萬元，這筆錢相當於今天的人民幣一億元，四十三歲，他失業了，有兩個小孩，因此創立華為。

這些挫折，教會他的第一件事情就是，要有高度的危機意識。今日就算多成功，明日都可能會翻船。

任正非曾說：「唯惶者能生存。」「鐵達尼也是在一片歡呼聲中出的海，」他說，「什麼叫成功？像日本企業那樣，經過九死一生還能夠好好活著，這才是真正的成功！」

因此，當昔日的網路通訊巨頭：摩托羅拉、阿爾卡特朗訊、諾基亞西門子紛紛面臨衰退危機時，任正非所帶領的華為不斷逆勢上升，未來五年，營收年複合成長可望續衝一〇％。

只求活下來，做出世界第一流

「自華為成立之日起，任正非就變成了一個怕死的人，華為就成為一個怕死的公司，『活下來』成為華為最低，也是最高的戰略目標，」任正非好友、《活下去，是最大的動力！》作者田濤說。

怕死，是對於環境隨時充滿危機感。一九九二年，華為營收突破人民幣一億元，任正非卻毫無喜悅，他在該年的年終大會上只說：「我們活下來了，」就淚流滿面到無法繼續。

為了改革，他全面導入ＩＢＭ管理制度。習慣打游擊戰的中國員工無法接受制度化的西方管理模式，紛紛反彈，抗議「外國那一套不適合我們！」但任正非堅持：「我們是買一雙美國鞋，不合腳，就削足適履！」

長期研究華為的長江商學院院長項兵指出，大部分的企業都是等到危機發生才會產生動力或被迫改革，像華為這樣，在順風時會想要大刀闊斧的變化，「不要說在中國，連全世界都很罕見。」「他們永遠在問『世界第一流是怎麼樣做的？』」一位美系顧問說。

年近七十歲、動過兩次癌症手術，任正非深知，自己不可能永遠領導華為，也不願意給華為太多的負累，所以更強調當下和未來。

怕死的領袖，讓全世界都害怕

二〇〇一年四月，任正非和田濤一起參觀了日本松下電器博物館，田濤提議華為也建一座博物館，任正非堅定的講：「華為不需要歷史，華為要忘掉歷史。」因此，他從高層中選出三位戰功彪炳的猛將，擔任輪值CEO，每半年一次，擔綱他的角色做決策，他自己則隱身幕後。

「恐懼造就偉大，如果沒有與你成長所相伴隨的那種不安全感，那種始終追隨著你的不安的影子，在一個猝不及防的打擊面前，你的安逸，你對危險的麻木，會導致組織快速的崩潰掉。」

這一個「怕死」的領袖，靠著如狼般的敏銳嗅覺與對環境的危機意識，創造了一家讓全世界都害怕的企業。

任正非 小檔案

一九四四年出生，重慶建築工程學院肄業，曾任中國解放軍副團長，一九八七年創立華為，現任華為公司總裁。二〇一三年，華為成為全球通訊產業新龍頭，全球三分之一人口每天使用華為的設備在通訊。

游泳時，頭要抬起來呼吸，才能看清前方

楊錦聰　風潮音樂創辦人

「生命不只是外在成功的追求，靈性（spiritual）成長與內在探索更重要！」經歷二十多年前的一次財務危機、公司幾乎倒閉，卻開啟了風潮音樂總經理楊錦聰長達二十年的學習之旅。他學會與失敗共處、從失敗中觀看全局，甚至主動找尋失敗。楊錦聰深深感悟，人的成長歷程，原來就是「回到最初自我」之路。

從小資質聰穎、常拿第一名的楊錦聰，一直有著強烈的成就動機，他想要「事業成功，能被人看見，能讓父母以自己為榮。」但生性浪漫、熱愛音樂的他，卻在交通大學運輸工程管理系畢業後沒多久，與友人合組唱片公司，由於看好兩岸交流後的國樂發展，公司在三年內就出了三十多張唱片，「當時天真的以為，好的商品就會賣座，未料並非如此，一九九〇年，即三年內我竟負債五百多萬元，」他苦笑著說。

財務危機讓他內外交迫。外在，他須立刻處理債務；內在，他開始出現焦慮、失眠的健康問題，他坦言，「當時本想若真不行，我就關掉公司、轉考公務員。」

受消費者肯定，轉型心靈音樂

就在公司差點倒閉之際，一位消費者來電稱讚一張結合國樂與佛教的專輯，該消費者說，因禮佛儀式及法會常需用到此類唱片，「這種唱片讓民眾更易接觸佛教。」此事件讓楊錦聰頓悟，「產品不是自己認為好就是好，而是要結合消費者的生活，配合時代脈動，才能創造出對人群、對企業有幫助的商品。」

在父母和三個兄弟積極支援下，他決定再次放手一搏，轉型經營具市場性的心靈音樂、冥想樂曲等；一九九一年發行健康養生音樂，也頗受德國、美國等歐美國家的青睞；再擴及發行自然、環保等類型音樂，業績逐年上揚，五年內就還清了所有債務。

之後公司穩健發展，一切看來很好，但是，楊錦聰的心卻出現莫名的空虛感。他說，固定的生活方式、固定的工作模式，讓他常沒來由的生氣。後來他才明白，那是他對無法解決生命的困惑，而產生的無名火。事業有成後，他失去未來的方向，不知道接下來要做什麼？

就在生命陷於困頓時，楊錦聰開始接觸陳怡安老師的「敏感訓練」成長課程。藉由課程中的對談，了解真正的自我是什麼模樣，「而非自己包裝出來的外在。」他發現自己是活潑、好動、野性、天真的，也看到自己內在的匱乏，期盼塑造一個更好的自己、更能與人溝通的自己。此後，開啟了他長達二十年的心靈學習之旅。

他因此意識到自己就像其他事業成功的人一樣，以為追求到事業的成就，就會快樂幸福，「但事實上，內在的自我更為重要，我想要『born again』（再度重生），找回這個原來真實的小孩，找回那份柔軟、純真！」

學習面對挫敗，從中汲取養分

二十年的自我探索過程讓他發現，生命起伏不可怕，可怕的是因此產生的負面情緒，「人會因為感受到強烈的負面資訊，而忘了綜觀全局。」他說，若不是當年那位消費者的來電肯定，他至今恐仍陷在失敗情結中，再也爬不起來，消費者的幾句話提醒了他面對市場，也點醒了他要換個角度來對待周遭事物，「就像游泳時，頭要抬起來呼吸，才能看清前方，而不是耽溺於失敗的情緒中。」

「但台灣教育從未教導如何面對挫敗，尤其要求男孩不能哭泣，卻不教導人如何反思、面對真正的自我，於是我學習面對挫敗，甚至找尋挫敗的機會，學習從中汲取養分，」他說。神聖舞蹈（Gurdjieff Movements）就是學習挫敗的方式之一，該舞蹈源自亞美尼亞，每支舞的頭、腳等動作都不同，「我常會跳到身體打結，剛開始會覺得自己很笨拙，而感到尷尬，」但後來發現這個動作錯了就錯了，應放下此刻的錯誤，「而專注下一刻的動作。」

神聖舞蹈讓他經驗回到自身、活在當下的體驗。他有感而發說，「人生就是如此，面對失敗除了接受、處理，之後只能放下它，就是『Let it go!』」別再為眼前的錯誤心生掛礙，而是樂觀迎接下次挑戰。

創業早期，楊錦聰事業不如意，總害怕事情不在自己掌握的範圍內，所以拚命的想控制一切。後來他又去了趟印度，在「海洋呼吸」的課程中，克服了自小對海的恐懼。那時，楊錦聰每天五點起床，先面海做冥想，然後在海裡游泳，與海親近，接下來進行漂流課程，完全放鬆的隨波逐流。另一學員則在前方引導，人要將自己完全交給別人。學著相信別人，剛開始會害怕緊張，一不小心就會下沉，鼻子灌水，經過一次一次訓練越來越放鬆後，才能真正的隨波逐流，與海一體。

這個課程讓他從一個對海害怕得會發抖的人，變成如海豚般與海親近；也學會超越恐懼、釋放緊張，與自己的生命對話，不再逃避。透過這樣的課程，楊錦聰開闊了內在空間，不再自我設限，看事情的態度也越來越輕鬆。

之後，他又陸續去了印度、秘魯、墨西哥等地，帶回冥想（meditation）、瑜伽等活動與音樂，讓風潮的產品更為多元、深刻化。

捨棄想控制的，就感到很放鬆

楊錦聰認為，現在的他對於情緒的表達流暢，感到悲傷會哭，感到快樂會表現歡愉。他的好友大提琴家范宗沛覺得，楊錦聰是個典型的商人，但他也覺得，現在的楊錦聰比以前更能表達自己的情緒。由於學得了放鬆，在事業上，楊錦聰從一個事必躬親的總經理，變成一個真正的領導者。以前他注意每個細節，現在他只要抓住大方向，帶領風潮往對的方向走就夠了。

在自我成長及認識的過程中，楊錦聰痛苦掙扎過，但是，他說，每個人在走這條路的時候，有權利去選擇要或是捨棄的部分，就像他，把原先想控制的部分（指公司的營運和財務）捨棄，就感到很放鬆。

為了持續與內在自己對話，現在他每天起床後，先做二十分鐘的身體伸展動作，「把手伸出去後感受手指、手肘的存在，充分感覺與身體細胞的連結，」之後再進行三十分鐘的「蘇菲旋轉」，藉由如孩童般不斷的轉動身體，讓身體變成輪子，內在成了中心，不斷移動的動作讓心也沉靜了下來，「此時心思清明，感覺相當舒暢。」之後吃早餐，再散步半小時，他才展開一天的工作。

回首二十多年前公司瀕臨倒閉的往事，楊錦聰深感，「既然無法避免人生中的挫折，就要學會與之共處，且從中學習、成長，若處理得當，危機就是轉機，更是人生的轉捩點，此時學到的不只是一次經驗，更是生命的課題，是無價的學習機會！」他回首那次全家人為其龐大債務，專程從新竹趕赴台北商討解決之道的夜晚，深感家人就是他的貴人，「但人生除了貴人，自己還須學會面對挫敗，這是更重要的生命功課！」他說。

楊錦聰 小檔案

一九六〇年出生，交通大學運輸工程管理系畢業，曾任牛頓集團行銷企畫、唐山樂集業務經理，現職風潮音樂創辦人暨總經理。

失敗一定會蘊含下一次成功的芽

柳井正　日本首富‧優衣庫創辦人

東京最貴的商業地段六本木中心點，日本首富、優衣庫（Uniqlo）創辦人柳井正在他三十一樓的辦公室向外眺望；天氣晴朗時，從這兒能看到日本的第一高峰富士山。

身為家中獨子，父親從小告訴他：「無論做什麼事，都要做第一名！」為什麼非要第一名？柳井正解釋：「第一與第二不是數目只差一位，而是有本質上的差異。在事業經營中，能夠讓事業持續受益、擴大的，只有第一，第一之外的事業發展前途相對來說比較渺茫。」

四十多年前，早稻田大學政治經濟系畢業的柳井正，接手父親的小西裝店事業，因為曾經在外商賣場工作過，覺得家裡事業組織鬆散、員工效率不彰，於是導入美式管理，卻被員工抵制，六名員工跑掉，剩下一人，他由小老闆變成進出貨、會計出納、幫客人量身長訂做西裝，一手包辦。

「我接手家裡事業，腦筋裡只有兩個念頭，一個是拚命學習怎麼做生意，一個是不能讓公司倒閉，不倒閉最安全的做法，就是讓公司成長。」當西裝業績無法成長，他決定轉型休閒服。

靠一萬封抱怨信，找出致命傷

一九八四年他成立UNIQUE Clothing Warehouse（優衣庫前身），在廣島開設一號店。開幕當天六點不到，門外已擠滿人潮，他模仿美國陳設，挑高屋頂、加寬走道，營造出倉庫簡潔感，訴求低價一千九百日圓起，連兩天都擠滿人潮，他笑著說「當時簡直像是挖到金礦！」

以為成功可以複製，他迅速開出二號店，占地是一號店四倍大；但廉價熱潮一過，二號店營收不佳，他把先前獲利全部賠上。

這次經驗，養成他對成功具有高度不安感，「成功中潛伏著失敗的芽。」他學會冷靜的看待自己。

一九九五年，優衣庫業績正好，他卻在媒體刊登「誰能講出優衣庫壞話，我就給他一百萬。」結果，批評信如雪片般飛來，一萬封回信多數指向品質問題：「洗了兩回腋下就破了」、「T-shirt洗一次領口都鬆掉，爛死了」、「樣式是歐巴桑才會穿的吧！」

這些批評讓柳井正知道，看業績彷彿成功，看品質卻是失敗。摸著西裝料長大的他，很難容忍自身品牌被視為品質不佳，決心做到「便宜且品質好」。

刷毛衣熱賣，一雪賣爛貨恥辱

「面對失敗，或把它丟到一邊，全看經營者，」他說：「每個人都討厭失敗，如果你把它蓋上蓋子埋葬，只會重複同一種失敗。失敗不只讓你受傷，失敗一定會蘊含下一次成功的芽，一邊思考一邊修正，才不會有致命的失敗。」

品質的第一戰是刷毛外套（Fleece）。當年一件刷毛外套約五千日圓起跳，限登山時穿，顏色只有藍紅色系，柳井正希望把它的價格與使用都大眾化。

剛開始研發時，布料不保濕、光澤度不好，直到柳井正與日本纖維大廠東麗公司合作，把布料做得薄些，降低成本仍足夠應付都市的寒冷，價格壓低到一千九百日圓，並發展各式亮麗顏色。

一雪賣爛貨的恥辱，他從一萬封抱怨信中，挖掘出成功的芽。之後三年刷毛外套總共賣出近三千六百五十萬件。店鋪也在三年內由三百多家突破五百家，打響優衣庫便宜又品質好的名號。

成功一日可捨棄，避免沖昏頭

柳井正有一套三年理論，公司每三年一定會遇到成長瓶頸，用同一套邏輯無法成功，必須改變模式。另外，在日本，主管通常升了就不會降，但柳井正採取實力主義，就像日本相撲選手一樣，有橫綱、大關、關肋這些等級，比賽成績好就往上升，差就往下降。

在他的強人意志下，〇八與〇九年金融海嘯中，優衣庫不但營收增幅高於Zara、H&M，且在全球國際都市最昂貴的地段，開起大型旗艦店。

他說：「大部分的人，會把一點點小成功當成連戰連勝，因為他們的標準非常低。」為避免被小成功沖昏頭，他隨時警惕自己：「成功一日就可捨棄！」站在已能眺望富士山的高度，他評價自己：「我只給自己打七十分。」「七十分只是及格，我的目標是一百分，但我永遠看不到一百分的樣子！」

柳井正 小檔案

一九四九年出生，早稻田大學政治經濟系畢業，一九八四年創優衣庫，二〇〇一年進軍海外，目前在日本、中國、香港、韓國、英國、美國、台灣，共有近三千家店。二〇〇九年、二〇一〇年、二〇一三年登上日本首富。

老天爺拿走別的東西，就會再給我一個新的

陳劍威　撼訊科技總經理

上櫃公司撼訊科技，是全球第三大繪圖顯示卡供應商，客戶包括超微（AMD）、三星（Samsung）、富士康（Foxconn）、海力士（Hynix）等。

一九九七年，是撼訊科技總經理陳劍威大轉折的一年。那是春雨紛飛的四月五日，陳劍威這輩子最難熬的一天。

這天，身分還是聯訊電腦副總經理的他，從荷蘭風塵僕僕的趕回台灣。「我還記得是晚上六點，一出機場踏進辦公室，看到六、七個黑道人物及兩位律師逼著我老闆簽下許多文件，我才真正體會商場的黑暗與複雜。」

同一天，從小撫養陳劍威長大的祖母過世了，但陳劍威卻不得不在辦公室待到凌晨一點多，才能夠回家守靈。

黑道為什麼會闖入公司？無非是金錢糾紛。因陳劍威隻身被派駐荷蘭兩年，那

趟回到台灣後，他才知道問題的嚴重性。

陳劍威是聯訊僅次於當時總經理朱和昌的第二號人物，擁有聯訊五％股權。而聯訊在一九九〇年代，曾經是台灣主機板業前三大公司（當時華碩等主機板大廠都尚未崛起），以資本額一億元規模創造高達三十七億元年營收，獲利將近四億元。賺了錢，公司領導階層包括陳劍威，都開始犯了大頭病，想要擴大產品線，也往中國設立工廠，跨入製造領域。

認真處理債務，職場傳出口碑

憑著年輕加氣盛，以為只要努力，天天都有機會的陳劍威，沒看到聯訊初期快速擴張下，缺乏營運經驗所種下的後果——資金短缺，財務吃緊。「那時只有三十歲，真的太年輕了，再加上公司成長太快，我一直都認為『下一次一定可以再賭回來』，」陳劍威說。

但事實並非如此，外在市場競爭的激烈加重了聯訊的負擔。隔年，聯訊虧損近兩個資本額。從大賺到大賠，過度膨脹造成虧損的資金缺口，讓聯訊在一九九三年引進了一家建設公司資金，並計畫三年後掛牌上市。沒想到，聯訊因為引入不當資金來源而造成經營上的困擾。

剛回到台灣，陳劍威才發現公司還欠許多供應商貨款，當時由建設公司把持的經營階層不願解決。陳劍威看著聯訊的財務問題，造成過去多年的生意夥伴遭殃，「不喜歡欠人家錢的心態」讓他主動找每一家欠貨款的供應商討論解決辦法。

「當時每天都有人打電話來公司要錢，但我只能向他們解釋聯訊的情形，以及承諾未來一定會還錢，讓他們安心，」看著自己創辦公司的窘境，陳劍威說：「我寧願欠銀行錢，也不願欠廠商錢，因為每一筆錢，都是過去生意夥伴的錢，而且這些公司有大有小，如果一張五、六十萬元的票子軋不過去，也許就掛了。」

這當中包括積欠某繪圖晶片廠兩千多萬元貨款，最後陳劍威硬是自掏腰包湊了三百萬元還債。就是因為做人信守承諾，成為他離開聯訊後，再創高峰的契機。

陳劍威在一九九七年八月離開聯訊，但沒想到還遭到聯訊的控告，老婆也遭黑道恐嚇，目的卻在不讓陳劍威離開。

但就在陳劍威離職的第一天，某家主機板大廠找上他，準備成立繪圖卡部門，為此，陳劍威請過去聯訊兩位員工吃飯，結果竟然來了十多個老同事，他們找上陳劍威要支持他重新創業。他沒想到，因為認真處理失敗，竟能累積出職場的口碑：「這是我生涯的轉捩點，我沒想到一場飯局，會讓我鼓起勇氣再創業一次。」

一九九八年聯訊宣告倒閉，陳劍威的三千多張股票不僅沒有上市，還全部成了壁紙。

人脈帶來金脈，讓他站穩腳步

雖然公司、股票沒了，但過去十年在電子業界對人脈的經營與形象，卻成了陳劍威離開聯訊後另起爐灶的最大寶藏。憑著過去「寧願欠銀行錢，也不欠生意夥伴」的義氣，即使過去經營的公司倒閉，陳劍威仍能維持人脈，而這些人脈也為他帶來了金脈。

加上陳劍威當時在股市賺了一千八百萬元，也變成了創業資金。陳劍威說，「我相信這些東西都是冥冥之中注定的，老天爺拿走別的東西，就會再給我一個新的，上天不會這麼不公平的。」

陳劍威成立撼訊時，除員工外，他過去義大利、西班牙、瑞典及中國的四家客戶及三家供應商都入了股。這些人脈與金脈，讓撼訊能在一成立就有穩固的營收來源，在前三年站穩腳步。

二〇〇二年，剛成立四年的撼訊以每股二十五元掛牌上櫃，股價蜜月期最高曾拉到五十八・五元。陳劍威沒有被當初的失敗擊倒，反而只花了四年時間就達到過去努力十年卻無法實現的上市夢想。回頭去看那一年，更是無限慶幸與感慨。

陳劍威 小檔案

一九六一年出生，台科大EMBA，曾任長榮海運業務員、聯訊電腦副總經理，現職為撼訊科技總經理

自我肯定比別人肯定我還重要

徐立功 資深導演、監製

「今天現場，我的太太，我的哥哥、姊姊，我的孩子們都在這兒，我就當你們的面，大膽的說一聲：我愛你們！」此刻，台下來賓有人拿起手帕悄悄拭去臉上的淚，這是二〇一〇年第四十七屆金馬獎頒獎現場最動人的一刻，發表這段得獎感言的是台灣資深電影人徐立功。六十七歲這一年，他獲頒金馬獎終身成就獎。

勇敢說出這一段話，是因為背後有一段故事。

一九九五年底，時任中央電影公司總經理的徐立功，在內部會議時一陣劇烈頭痛無預警的襲來，還來不及吞藥，就陷入昏迷，這一倒下去，就長達一個多月。

徐立功在中影工作時期的秘書彭啟琛談到當時的徐立功說：「他根本忽視自己的身體到極點。」

徐立功原本就有糖尿病和高血壓的問題，他在忙碌工作中，幾乎從來不找醫生開藥控制病情，只是偶爾隨便拿點藥吃吃。甚至，當他中風被送到醫院時，就連家人也說不上來，徐立功究竟平常吃的是哪些藥。

很多人也像徐立功這樣突然中風，但一躺就是好幾十年，沒能醒過來，更有許多人醒來後行動不便，終身需要別人扶持。比起那些人，徐立功是幸運的，他醒來了，而且重新站起來，走入另一段不一樣的生命。

沒電影的日子，才知家人重要

睜開眼睛的第一天，他看到窗台上的花、灑進來的陽光，「我以為在天堂。」徐立功不知身在何方，但他很認真的看著插在花上的卡片，「以前收到卡片都覺得好形式喔！」甦醒後的徐立功貪婪讀著朋友的關懷，「感動會帶給你很大的力量，這時候才知道，原來有這麼多人看重我。」

不過，他清醒以後，還是有一年的時間幾乎不能動，前半年甚至呆滯的躺在病床上，經常處於恍惚狀態，囈語不斷。身邊雖然有家人、朋友陪伴，卻常常不知道別人在做些什麼或說些什麼。要不就是雙眼睜睜的盯著天花板，完全跌入自己的世界。家人問他究竟在看什麼，專注的徐立功有時不搭理，有時會叱喝他們：「不要吵！我在開很重要的會。」或是「我在看電影，你們小聲點！」

這樣的情形在後半年好轉許多，徐立功逐漸走出自己的異想世界。在病床上，過去狂熱工作的片段不斷閃過腦海，當時意氣風發，此時卻連左手、左腳的使喚都有困難。看著輪班陪伴的家人，徐立功第一次感到虧欠，過去他的生命中除了電影，還是電影，這時他的腦海裡卻是：「我竟然不知道家人的重要。」

這一場疾病風暴，也讓徐立功做出生命中最大的反省。過去總是在乎得獎、在乎票房，每出品一部戲都會讓自己備感壓力，他甚至親自到戲院去觀察看電影的人潮。病倒前三天，徐立功為了《我的美麗與哀愁》即將上映，親自到大專院校發送電影宣傳單。「他真是個徹底的工作狂。」彭啟琛說。

在藥水味裡，聞到戲劇的清香

在中影公司七年，徐立功拍過二十四部電影，中、外影展得獎五十九次，只要有電影得獎，媒體的鎂光燈和獎盃都會讓徐立功的情緒亢奮。中風前一年，《愛情萬歲》在威尼斯影展得到金獅獎，又是總統召見、又是宣慰僑胞，高密度的讚美與榮耀讓他心情high翻天，「當時就是這麼重名利，現在想起來真是不對！」

病癒後的徐立功反省自己這種行為：「就算我因此比別人成功，最後卻中風死掉，又有什麼用？」

這時也開始有不少好朋友前來與他聊新戲，《人間四月天》就是編劇王蕙玲此時提出的構想。這一齣文學連續劇小品，完全不合一般八點檔觀眾胃口。徐立功想，以王蕙玲在圈中的地位，卻願意放棄進駐黃金時段的機會，「她這麼紅都可以這樣想，我這個已經死過一次的人又有何不可！」

考慮過這部戲的種種不可行之處，在多個輾轉反側的夜裡，唯一能動的腦子拚命思考、掙扎。拍這部戲完全顛覆徐立功原有的價值觀，在充滿藥水味的病房裡，他第一次聞到了戲劇本質的清香。

是感動的力量，支撐徐立功重新站起來。徐立功經歷一年的復健，決定離開中影，並在幾位好友的資助下另組公司。

用撿回來的生命，拍戲感動人

病癒後的徐立功發現了戲劇的另一種可能，「戲劇的源頭是你真實的感受，一旦為了某種目的去拍，就不真。」

當王蕙玲提出徐志摩的愛情故事《人間四月天》這部文學改編劇時，有人對他說，現在的觀眾不會對徐志摩有興趣；也有人說，這種文學味這麼濃的作品，不會賣的。

如果是以前的徐立功，可能就「從善如流」，但這一次，他卻「擇善固執」。不計較是否合乎觀眾口味，也不在乎是否有電視台願意播，他決定先自掏腰包開拍，「我願意用撿回來的生命去做有意義的事。」

當了好一陣子「冷灶」的徐立功，在《人間四月天》成功之後忽然成為大紅人，之後的電影《臥虎藏龍》更將他推向事業最高峰。不以商業考量為出發，「只要能感動人、夠真實，就是值得投資的好戲。」接下來的《橘子紅了》也是如此，徐立功看上這齣文學改編劇本，親自找演員、砸大錢搭大景，有了《人間四月天》和《臥虎藏龍》的護駕，《橘子紅了》不必擔心製作費，也不必擔心沒有電視台願意播，對徐立功來說，這些都只是附屬，最重要的是他明瞭什麼才是真正的好戲。

「自我肯定比別人肯定我還重要，」徐立功捨去對票房、觀眾的期待，將戲劇回歸興趣，他在其中獲得了更多成就，也更快樂。「沒有《人間四月天》，大家不知道文學也可以如此融入戲劇。」撇開商業考量，徐立功在戲劇之中發現到更多可能，這些都是他病倒前從未體會到的。

過去徐立功不愛動、討厭走路，躺了一年之後，徐立功每天早上五、六點必定到公園走上一個鐘頭，下班後更準時到中影文化城的游泳池報到。「我真搞不懂為何以前沒發現大自然是這麼可愛，我每天就好像都在『飲生命的水』。」大病一場讓徐立功發現生命必須是活水，也讓他驚覺自己是如此的輕忽家人，現在徐立功常邀請他太太一起散步。若沒有那場突來的病痛，他恐怕永遠不會醒悟。

徐立功 小檔案

一九四六年出生，輔大哲學系畢業，曾擔任新聞局廣電處科長、國家電影資料館首屆館長、中影總經理和縱橫影視董事長；擔任李安、蔡明亮、林正盛等導演作品監製人。

凡事一定要反過來想！反過來想！

蒙格　巴菲特合夥人．波克夏副董事長

華倫．巴菲特（Warren Buffett）是投資人公認的「股神」，但巴菲特卻說如果不認識查理．蒙格（Charles Munger），自己會比現在窮得多！

蒙格是波克夏公司（Berkshire Hathaway）的二當家，五十年來巴菲特與蒙格聯手打造出新台幣十兆元資產的帝國。每當巴菲特碰到難題，「幫我接查理！」電話就會撥向蒙格。

博學又具法律世家背景的蒙格常說：「凡事一定要反過來想！反過來想！」他練就一身反骨及對權威說「ＮＯ」的勇氣及能力，適時補足巴菲特的缺點。最經典的戰役，就是「所羅門醜聞」事件，波克夏靠著蒙格，度過了公司成立以來的最大危機。

為所羅門案作證，成道德典範

一九八七年，波克夏以七億美元取得所羅門兄弟證券一二%的股份，當時所羅門是華爾街資產第二大的金融機構，在債券利差市場呼風喚雨，不僅有私人飛機，還有隨傳隨到的五星級主廚。依巴菲特本來的規畫，買進所羅門後，希望蒙格分身去管理其他公司，但蒙格似乎是聞到了臭錢即將發酵爆發的味道，請纓留任，「所羅門可能會惹上大麻煩，會大到同時需要我們兩人！」最後，果然一語成讖。

一九九一年夏天，所羅門引爆一連串醜聞，在蒙格的強勢主導下，所羅門經營階層所有的藏污納垢，被逼攤在陽光下，巴菲特還站上國會作證，其開誠布公的表現，竟成為企業道德的典範，化危機為轉機。

蒙格 小檔案

一九二四年出生，哈佛大學法學博士，四十一歲結束律師工作，巴菲特取得波克夏控股權，兩人開始合作；五十四歲起任波克夏副董事長，和巴菲特共創投資傳奇。

人沒有大死過，不會知道尊嚴有多貴

羅田安　克莉絲汀麵包董事長

中國最大連鎖麵包店克莉絲汀董事長羅田安，出生苗栗，憑街頭智慧，三十歲出頭就身價破億，當時他什麼產業都做：建築、餐飲、百貨連鎖、證券公司、教育、娛樂、礦業，羅田安說：「朋友說好，我就投啊。」

一九九五年前後，他投資一個高達新台幣五十億元的造鎮計畫，沒想到遇到九七年亞洲金融風暴，銀行抽銀根，羅田安賠掉所有身家，被法庭傳喚，和妻子、小孩一家人，每週只有一百元買泡麵。

原本靠他賺錢的朋友，在他落難時，一轉眼全不見了。這堂賠光資產的課，讓羅田安悟出產業不能投資太多，十個鍋子、七個蓋子永遠蓋不過來，從此不敢碰虛浮的東西。

專注麵包生意，深化垂直整合

從烘焙業重新出發，開始在上海開設克莉絲汀時，相較同業在市中心黃金地段開店，克莉絲汀的策略反而是沿著地鐵線慢慢深入社區。賺的錢都拿去深化克莉絲汀的垂直整合，不再多角化經營。即便有人跟他說上海房地產漲多少，他寧可不碰，繼續專注麵包生意。

回首人生上半場的敗仗，羅田安抽著香菸說：「人沒有大死過，不會知道尊嚴有多貴。」這個深刻的教訓，成為刺激他日後東山再起的基礎。

羅田安 小檔案

苗栗客家人，靠著牛仔褲批發賺進人生第一桶金，而後投資大起大落，直到赴上海開設克莉絲汀連鎖麵包店，才再創事業高峰。

有赴死決心，就不怕

楊得根　裕國集團總裁

一九九九年的「九二一」大地震，幾秒鐘的天搖地動，改變當時六十一歲，開始規畫退休的楊得根命運。

他旗下德昌建設在中部蓋的房子，十棟半倒、一棟後來被判全倒。一早，六點不到，他趕赴各地建案訪視受災住戶，由於位在台中市南區的「德昌新世界」一樓下陷傾倒造成傷亡，楊得根旋即被限制出境，並遭凍結財產。

多數蓋樓的建商不是早已人去樓空，就是避不見面，中部地區只有龍邦建設和德昌建設，極少數建商出面善後，與住戶面對面協商賠償事宜。

他原本以為，大半輩子打拚的累積數十筆土地資產，足夠支付上千名受災屋主的賠償金，結果，實際狀況並非如此。

少數屋主不願接受建商協議的賠償條件，甚至聯合外部勢力施壓，主張四百萬購買的公寓，應理賠上千萬元；經常，前一晚餐會上雙方承諾的條件，不到二十四小時就翻臉不認帳。

震災善後負責，重獲銀行奧援

歷經三十幾場協調會，進出法院十多趟，楊得根都親自面對上千受災戶，此時，他心頭上更大的不安，還有公司內部信心動搖，幹部接連出走。

一次，在前往住戶協調會的路上，對方放話要黑道鬧場，和他一同前往的幹部，竟中途落跑；回到辦公室，連總經理也不幹了。他抵達協調會場面對住戶時，第一句話就表達今天是來處理問題的，「存死去面對，兜袂驚！（有赴死決心，就不怕）」泛紅著眼眶，他重新回顧傷口。

幹部出走、銀行收傘，連向過去的事業夥伴開口週轉，還願意把資產過戶到對方名下，也不得回音。從這段時間開始，楊得根夫婦選擇在新春期間遠行，就是怕大過年見到親友，人家以為他又是來借錢的。

楊得根告訴自己：「最壞的情況就是租房子，重新開始。」在二〇〇三年SARS風暴暫歇之際，最後一樁和受災戶的官司宣告落幕，因守住信用，他獲得彰銀、土銀等銀行奧援。楊得根再度進軍房地產，從龍井、沙鹿三級市場起步，如今年過七十歲的他，再度站穩腳步，成為中部企業「老秀」。

楊得根 小檔案

第一份工作在肉乾廠當學徒兼送貨員，三年後和朋友合資開肉乾廠，賺得第一桶金，建立起橫跨證券、物流、建設的企業。九二一大地震旗下建設公司十多棟建案被震毀，財產遭凍結，二〇〇六年再度進軍中部房地產，現為裕國集團總裁。

第5章

轉念，路就寬了

就算你已經擁有財富，卻永遠都嫌少一分

廖炳煌　台灣探索體驗教育先驅

一九九七年四月一日，住商不動產北區店東、店長會議上，住商淡水區某加盟店長廖炳煌，當著所有的人面前舉手宣誓，當月個人業績目標要達到一百五十萬元，否則就剃光頭示人。四月底結算，他挑戰目標成功，卻為此背負一千二百六十萬元的債務！五月一日，在眾人的讚嘆聲與同行的欽羨聲中，這位超級業務員，竟然宣布退出房仲業。

目前，廖炳煌擔任財團法人台灣外展教育發展基金會執行長，是國內提供探索體驗教育課程的先驅者，平均一年提供價值約五千萬元的課程。同時，他的理念，更獲得宏碁集團創辦人施振榮伉儷提供約七千坪土地，在龍潭渴望園區建立了亞洲最大、依據美國ＡＣＣＴ安全標準建立之戶外高、低空繩索挑戰場，讓一向缺乏戶外探索體驗教育及經驗的台灣，也能在國際戶外探索體驗教育的舞台上擁有一席之

地，廖炳煌還擔任其中一個國際組織的國際委員會主委。

十多年前的那次業績挑戰事件，廖炳煌保住了頭髮，達成了不可能的任務，他成功了，但挑戰成功的他卻選擇轉身，離場。

為五十萬佣金，背負千萬房貸

一顆價值一千二百六十萬元的光頭，為何讓廖炳煌的生涯大轉向？

原因在於，他發現自己的做法，表面上看起來是「成功了」，實際上卻付出了「不值得」的代價。為了激發更高昂的鬥志與成就，廖炳煌設定了月業績一百五十萬元的目標。當時，全店的月業績若能做到八十萬元，就已經很了不起了。

從喊出目標的那一天開始，廖炳煌的眼中只有錢：「我那時看到人都不是人，而是錢。看到每一個人，都會想，怎麼樣從這個人的身上賺到業績？」平均下來，每一天要進帳五萬元的業績，等於是每天都必須促成至少一件房屋交易，不然就是要能成交大案子，靠著幾件單筆高金額的業績，才有可能達成目標。

接近四月底時，他的業績已經累積了九十餘萬元，但距離目標還有五十餘萬元的額度。這時，只剩下幾天了，要如何在短短的幾天內得到這麼高額的業績呢？廖炳煌想起店裡有一間八年前就接到的委售屋，是一間一百四十七坪的別墅，總價一千四百七十萬元；於是，他以總價一千二百六十萬元自己買下它，所得到的業績讓他順利達成一百五十萬元的目標，完成了這個眾人視為「不可能的任務」。

雖然不用剃光頭，但他為了五十餘萬元的佣金，竟背負了一千二百六十萬元的房貸（當時廖炳煌以全額房貸買屋，而且沒有事先告訴太太），在當時的高利率環境下，每個月要償還的房貸高達十一萬元。

其實，不論在哪一個行業，為自己設定高難度的業績目標，幾乎是每一位優秀業務員的共通特質。廖炳煌初入房仲業時，他第一次拿到手的兩百張名片，就在君悅飯店（當時稱為凱悅飯店）的一場晚宴上全部發完，初露業務光芒；同時，他的商圈耕耘功力更是驚人，全淡水賣水果的歐巴桑、歐吉桑，都成為他買賣房子的「線民」，樂於提供相關訊息給廖炳煌，在業績表現上，他總是常勝軍。

揮別欲望森林，聚焦六根旗杆

但業務是一種每個月都要超越自我、挑戰顛峰，而且就算業績做到全公司第一，到了月初仍然要歸零、一切從頭開始的工作。「從事業務工作，很容易追逐業績成癮；那不只是為了累積財富，更重要的是能夠不斷的證明自我，一次次的獲得更高的成就感。在業務員的世界裡，就算你已經擁有了比別人多出很多的成就感、名氣和財富，但卻沒有所謂『滿分』，永遠都嫌『少一分』。」廖炳煌用一千二百六十萬元買回一顆光頭，但達成目標的那一刻，他心中同時也響起了另一個聲音，告訴他，他已經迷失在成就感和名利交織而成的欲望森林深處。

一顆一千二百六十萬元的光頭，讓他醒了。再循著這條路一直走下去，他已經可以看見自己的未來，大概就是以下這兩條路：如果不是「晉階」成為投資客，就是「晉升」為房仲公司的股東或老闆；但無論何者，都是以「獲利」為核心，「金錢」將成為他一輩子奮鬥的重點。

廖炳煌並不想要這樣的人生。他當機立斷，必須立刻做出改變，分散他過度集中於「業務成就」和「金錢」的人生。

於是廖炳煌想起自八歲起，就一直不懈的投入童子軍活動，他想做點對青少年教育有幫助的事情。找他進房仲業的夥伴，是童子軍的朋友，而他的老婆，也是因為童子軍活動而結緣的，童子軍精神可以說是貫穿他人生的重要主軸。這時候，他的一位童軍友人，曾瑞珠女士，告訴他可以到天母的美國學校，看看矗立在操場的六根旗杆。

當時，美國學校唯一瞭解那六根旗杆來龍去脈的體育老師Tobby，受傷在家休養，廖炳煌發揮業務員陌生拜訪的精神，循址找到了那位體育老師。Tobby說，廖炳煌並不是第一個對那六根旗杆有興趣的人，在他之前，有另外兩位人士也來詢問過旗杆的事情。這兩位人士分別是金車基金會的董事長孫慶國，以及健野戶外用品的老闆郭宏仁。

推廣探索體驗，學習上山下海

原來，那六根旗杆，是美國童軍活動一項重要的戶外體驗教育工具，廖炳煌邊聽著Tobby解說，一邊回想起他其實對這樣的工具是有印象的。透過與Tobby、孫慶國和郭宏仁的接觸，廖炳煌到美國參加ＰＡ（Project Adventure）的課程，回來之後，就與郭宏仁先生與其他二十五人，共同集資三百萬元合組「發展國際股份有限公司」，以推廣戶外探索體驗教育為主，並且拿到美國ＰＡ的授權，成為台灣引進美國ＰＡ探索教育第一人。其後，公司歷經重組，更名為「團隊發展國際股份有限公司」，並成立台灣外展教育基金會，於二〇〇五年以台灣外展教育中心之名，得到ＯＢＩ（Outward Bound International）首次授權（Provisional License），至二〇〇八年得到OBI完全授權（Full License）。

在廖炳煌的推動下，每年提供價值約五千萬元的探索冒險體驗課程，他個人一年當中有四分之三的時間花在穿梭兩岸企業間授課，以及參與國際組織會議，不僅為他自己開創了完全不同於房仲業的生涯，也正式為台灣的冒險教育，開啟了國際化的新頁。

廖炳煌希望，「台灣的孩子們能擁有懂得上山下海的能力。台灣擁有二百五十八座高度超過三千公尺的山，以及長達一千五百公里的海岸線；只要懂得善用環境給我們的優勢，相信我們很快就能擁有像卡通『北海小英雄』的主角小威般，才智兼具的下一代！」

廖炳煌 小檔案

一九六三年出生，師大公民教育領導學碩士、博士，曾任住商不動產店長、國際發展公司總經理、台灣新世紀人才培訓協會理事專業講師，現任台灣外展教育基金會執行長。

商人要期盼危險經常發生，走別人沒走過的路

陳焜耀　羽絨霸王．合隆毛廠董事長

一大撮羽絨放在手心，你幾乎感覺不到它的存在。但這羽絨到了合隆毛廠，卻可以被打造成黃金般值錢的產品，它是最輕的黃金。

台灣是全球羽絨的加工大國，羽絨出口量占了全球總量的四分之一。創立於一九〇八年的合隆毛廠就是旗艦廠商，至今已邁入第一百零七個年頭。合隆是一家台霸企業——全球布局最深最廣、相關技術最領先的羽絨廠；在台灣、加拿大、德國與中國五省皆有投資或工廠，年產一百六十萬件被子與枕頭、六十萬件羽絨衣，光在亞洲的全球最大化驗室，工作人員就有八十人，主要客戶包括Zegna、Coach、Burberry、Tommy等，年營業額約五十億元。

董事長陳焜耀是這家百年企業的第四代接班人，也是首位擔任國際羽絨羽毛局（International Down and Feather Bureau，簡稱ＩＤＦＢ）技術委員會主席的亞

洲人，從二〇〇六年上任至今，主導著全球產業的標準及技術規格制定，這對以代工聞名的台灣科技產業而言，真是難望其項背的國際地位。

不賺錢事業，推細姨之子接班

提起陳焜耀，業界都稱他是「羽絨霸王」。冰島雁鴨羽毛、羽絨一年供應量約四千公斤，合隆就掌握了五分之一的量。而全世界羽絨的原材料、來自鴨及鵝的羽毛及羽絨，合隆也掌握了六分之一左右。一床一．二公斤的冰島雁鴨羽絨被，售價高達新台幣四十萬元，陳焜耀掌握合隆毛廠一年加工生產的羽絨原料重量就超過兩萬公噸，相當於三座巴黎鐵塔的重量，差別是，巴黎鐵塔是用鋼鐵打造。合隆毛廠需要七千萬隻鴨子羽毛，才能積累出一座巴黎鐵塔的重量。

但成為羽絨霸王背後，卻是一個百年家族分裂，「細姨」之子接班中興家族的故事。

合隆毛廠早在一九〇八年（民國前三年）就成立，從蒐集屠宰場鴨鵝毛，或是以麥芽糖換取民間宰殺後的鴨鵝毛起家，是日據時代特許經營三大古物（羽毛、酒瓶、鋼鐵）回收的公司。

一九九〇年，合隆家族第三代——合隆毛廠、美麗華飯店前董事長陳雲溪因肺癌過世，第四代因而決議分家，陳焜耀的堂兄陳信雄接手新加坡合隆，大房長兄陳信重、二房長兄陳焜榮則放棄台灣合隆經營權，交給陳焜耀。

陳焜耀是陳雲溪小老婆的兒子，父親生日拍大合照時，他跟媽媽只能站在最角落；祖父出殯時，堂兄、大哥排在隊伍的最前方，他只能跟在最後面。從小，陳焜耀就知道自己的身分特殊，地位也不如其他兄弟。

地位遠不如別人，陳焜耀為何能一躍成為合隆毛廠的負責人？

原來，當時合隆毛廠主要的獲利來源是東南亞地區，新加坡合隆占集團一半以上獲利，是未分家前合隆毛廠最值錢的事業，如果抽離新加坡合隆，台灣合隆不僅少了賺錢的金雞母，而且當時台灣有工資與土地上漲的問題，對於生產主力在台灣的合隆毛廠，突然失去海外獲利的子公司，台灣合隆馬上就要面臨不賺錢困境。因此兩個哥哥選擇落袋為安，要求陳焜耀拿出現金買回股權。

這時候陳焜耀才明白，一個小老婆的兒子能夠成為董事長，其實是別人選完之後，把最不好、不要的留給他。

陳焜耀賣掉別墅、美麗華飯店的持股，完成了合隆家族的分家，也讓合隆從原本美麗華飯店的最大股東變成小股，影響力逐漸式微。

賺錢的海外公司與現金被拿走，留下台灣工廠給陳焜耀處理，日本主力市場也因經濟泡沫而消失。想到這裡，陳焜耀睡不著覺，「一般人只要吃一顆二十五毫克安眠藥就能入睡，我要吃六倍的量！」陳焜耀輾轉難眠，不僅對兄弟不滿，也萌生放棄念頭。

若未陷困境，就沒機會扛招牌

「別人拿走現金，卻丟了面子！」陳焜耀的政大企業家經營管理研究班同屆同學、桂冠食品董事長王正一，告訴陳焜耀，他其實佔了最大便宜，那就是台灣合隆的正統將由「細姨」之子扛起，對其他兄弟而言，是沒面子的事。

王正一的一句話，讓陳焜耀恍然大悟——身分低一等的他，沒有今天合隆的困境，根本就沒有機會扛起合隆招牌。

選擇面對困境的陳焜耀，在接手合隆後，雖然有四年時間天天睡在工廠，卻依然無法免除工廠關門的命運。一九九三年，台南廠首先關閉，接著桃園廠關閉，台灣七個生產工廠只留下大園廠，一千多名工人幾乎全部裁員。

到了一九九四年，一筆大訂單重燃陳焜耀的生機，美國一家名為Pillow的公司突然下了一筆五百六十噸的大訂單，只要求準時交貨、裡面不能有石頭與雜毛。「原來市場依然存在，規格卻越來越亂！」陳焜耀發現，中國羽絨加工業雖然大量崛起，品質卻良莠不齊，合隆還是有機會。於是，陳焜耀出租台灣工廠的廠房，以所收租金支應中國廠的擴廠需求，並且成立德國公司，逐步興建安徽、江西、河南廠。陳焜耀的策略是，中國業者只知道擴廠收購當地鴨鵝毛，他則是要建立有品質、高價位的國際羽毛，分工垂直整合布局。

羽絨是期貨之一，行情變化很快，最關鍵是穩定的原料來源！鴨毛可以在一個月內漲三〇％，但到了最終端的百貨公司，產品售價卻是每年才定一次價，無法精準掌握原料，就會面臨賠錢。

讓出股權掌握原料，建立國際分工

要掌握原料，陳焜耀懂得「捨」。陳焜耀說：「不管任何買賣，我不曾去殺過一塊錢的價。」他認為，要成功，唯有正派，生意才能做得久，這留下來的人脈，也是資源之一，這是陳焜耀的經營哲學。他先讓出加拿大、德國分公司各超過三〇％的股權給當地羽絨收購業者，讓他們成為共同經營者，如此一來，這些業者才願意把北美與德國周邊國家羽絨交給合隆，讓合隆可以收購全球最知名的加拿大、波蘭、匈牙利白鵝絨，建立了上游的原料供應體系。

陳焜耀知道這些歐美羽絨業者願意跟他長期合作，把羽絨賣給他，關鍵在於合隆能夠提供國際分工優勢，例如加拿大有優質的北極圈白鵝絨，卻因為當地人工昂貴，無法進行更精細的加工，於是陳焜耀在中國建立加工廠，把加拿大白鵝絨運到中國進行細部加工，再把鵝絨與羽毛運回歐美市場，成本只有原來的十分之一。

「國際分工可以提高合隆的進入門檻與競爭力！」企管名師、政大講座教授司徒達賢說，上游控制原料，下游降低成本，這是國際布局的成功策略。

走進陳焜耀的辦公室，座位後面掛著日本明治維新啟蒙大師福澤諭吉的日文原版《商人之道》，陳焜耀翻譯福澤諭吉的商人之道：「商人要期盼危險經常發生，從中賺取利潤，卻不能掉到危險的漩渦；安全的道路是女人與小孩走的路，商人要走別人沒走過的路！」

二〇〇三年，中國廣東地區傳出禽流感疫情惡化，可能讓中國禽類被禁止出口，這時國際羽絨價格立即大跌。陳焜耀卻是逆向操作，他以一個星期砸新台幣兩億元的速度開始採購羽絨，採購量之大，是過去合隆全球採購量的兩倍。為何這麼做？陳焜耀逆向思考：中國不僅大量宰殺禽類，也不敢養小的雞鴨鵝，等禽流感疫情一過才重新飼養，要等三到六個月才能供應，屆時將有大缺口。危險來了大膽冒險，陳焜耀大膽實踐商人之道。

結果疫情是虛驚一場，沒有發生長期禁運，驚動三個月後，疫情也平息，陳焜耀靠著一次禽流感危機，出清庫存大賺三〇％。

即時偵測生產，非盲目出手

敢冒險卻不會掉到漩渦裡，背後是陳焜耀花了十年建立一套資訊系統，讓他掌握全球各地主要產鴨鵝國家的養殖概況，特別是全球各地新鴨鵝的養殖數量，利用這套資訊系統調整合隆羽絨的庫存。

「搶著養鴨，是供應鴨肉市場，而非供應羽毛，」陳焜耀說，看到鴨肉價格大漲，就要擔心鴨毛大跌，資訊系統會發現，鴨肉大漲後小鴨養殖量突然就多，這時合隆就要開始拋出庫存，以應付半年後可能因為小鴨成長宰殺後羽毛產量大增而羽絨大跌情形。

因此，〇三年廣東禽流感時，陳焜耀敢大膽採購中國羽絨，並非盲目出手，而是這一套資訊系統搭配國際分工，建構了從原料收購、加工、庫存調整的垂直整合系統，讓他能大膽做決策。

當上國際羽絨羽毛局技術委員會的主席後，陳焜耀在返台的班機上看見電影《雷・查爾斯》：一個盲人歌手因為媽媽的堅持與鼓勵，讓他變得勇敢、堅強，最終成為靈魂樂歌王。看到最後一幕，陳焜耀流淚低泣久久，不能自已。一個低人一等的「細姨」之子，因為家族分裂，必須扛起老店招牌，堅強面對自己的命運，終於成為亞洲第一位在國際羽絨產業揚眉吐氣的羽毛霸王。陳焜耀回首來時路，唯一的遺憾是：「如果媽媽還在有多好！」

陳焜耀 小檔案

一九五四年出生，西雅圖城市大學企管碩士，現職為合隆毛廠董事長、國際羽絨羽毛局（IDFB）技術委員會主席。

成功沒有躲著任何人，就看你怎麼看待自己

希克斯 保險界的歐巴馬

所羅門．希克斯（Solomon Hicks），每年佣金收入接近新台幣一億元（約三百萬美元）的保險業務，在白人為主流的美國社會，他的崛起有如「保險界的歐巴馬」。

生為黑人的他從小備受歧視，父母離異、家貧，九歲便在餐廳半工半讀，賺取每晚兩美元的微薄薪資。二十七歲時，希克斯拿出所有積蓄與朋友合夥開財務管理公司，最後，朋友捲走一萬八千美元獲利後潛逃。

背叛、失業，事業夥伴偷走的不只是錢，還有希克斯對人的信任。憤怒讓他失去理性，希克斯衝回家拿刀，要用武力討回公道。

在這當頭，他的太太提醒：「跟著朋友做事，你學到什麼？」「我學會了銷售。」「這難道不值一萬八千元嗎？」他頓時領悟：「事情都可以選擇，我可以選

擇殺人，也可以選擇往好處看。」

一念之間，懸崖勒馬，希克斯沒有成為殺人兇手，他靜下心，循著報紙上的廣告，進入保德信人壽，開啟壽險業務員生涯。

沒車沒名片，拿下年度新人王

但這飯碗並不好捧，經理發現希克斯窮到連業務員必備的汽車（跑客戶）、電話都沒有，報到的第一天就要他滾蛋。最後希克斯勉強爭取到留校察看的機會，但經理說：「你想留下來，沒人會照料你，沒有桌子、客戶名單，也沒有名片。」

「我不會讓眼前障礙阻止心裡真正想做的事。」沒有車，他就感謝上帝給他一雙強健的腿，可以走路。

他借用別人名片，把別人名字改成「希克斯」，沒有客戶名單就靠電話簿，用最笨的方法一個個打電話。

每天他三點半起床，站在鏡子前面演練話術，然後趕搭第一班公車到各社區拜訪。一上車，他大聲跟全車乘客問好：「早安，我是希克斯，有人想買保險嗎？」從沒有人理他，但他每天照樣問好。下了班，他再到公用電話亭翻電話簿約第二天的拜訪。

這樣的日子，持續了一年，儘管在最差的條件，希克斯憑藉著最高的熱忱，竟然拿下當年保德信人壽的「年度新人王」，打破公司菜鳥的佣金紀錄、新契約保單的保費與件數紀錄。

「這件事情對你的啟發是什麼？」我們問希克斯。「成功並沒有躲著任何人，不論我們的出身、背景，就看你怎麼看待你自己，」希克斯說：「你才是你自己最好的業務員，不是名片。」

從此，希克斯平步青雲。直到五十歲出現另一個困境。

十二天賺四十萬，奪全美第一

一九九三年，保德信人壽從純保險公司轉型成金融服務公司，過去只賣壽險保單、學歷偏低的業務員，若不能轉型，將被公司淘汰。

五十歲的希克斯，面臨轉型壓力，偏偏又發生車禍住院四個月。當他出院，已是全辦公室最後一名。一封短信在辦公桌上等著他：「親愛的希克斯先生，如果你在最短時間內，沒辦法回復到原先一%的業績，你就會被開除。」

當時離年底業績結算日只剩十二天，但是他決定拚一拚。他和老婆沒日沒夜跑遍全美二十二州，兩人都累病了，但不鬆手，最後在教會系統簽下九十張保單，總佣金收入達四十萬美元，超過當時業界平均年佣金收入的十倍以上。

結果，希克斯憑這個成績拿下全美第一的總裁獎，是第一位拿下冠軍的黑人。之後十年內，希克斯共拿下七次美國第一，創下保德信人壽一百三十年紀錄。

從小被歧視，到求職遇到屈辱，到中年遇到危機，希克斯說：「我當然可以想人們怎麼苛刻的對待我，但是我選擇去看待，生命只是一個過程，生命裡面的壞事，都是來考驗性格。」

希克斯小檔案

一九四三年出生，二十八歲跨入保險業，曾十年內拿下七次保德信人壽總裁獎，創下保德信一百三十年歷史紀錄，為全美拿下十二次「頂尖圓桌會員」（TOT）的位黑人之一，二〇〇六年從保德信退休，成立所羅門．希克斯金融服務公司。

即使只有0.0001%可能性，也要堅持走下去

山口繪理子　亞洲最佳年輕創業家

在日本新宿，小田急百貨二樓，名為「Motherhouse」（瑪樂家）的手提包，單價從一百九十美元到四百五十美元（約合新台幣五千六百元至一萬三千元），內裡標籤標示「Made in Bangladesh」（孟加拉製造）。

這個手提包挑戰落後國家僅能生產低價、低品質商品印象，更重要的這是三十歲出頭的日本女孩山口繪理子，改變一個國家奴工命運的成果。

山口繪理子成立的Motherhouse手提包，每個月自孟加拉工匠手中生產三千到五千個，發送到全世界，他們的薪資至少高於外界兩倍以上，就連新進員工，每月薪資約為一百九十美元，是孟加拉規定最低薪資二十五美元的七・六倍。

就讀慶應大學時期，繪理子到美洲開發銀行位於華盛頓的辦公室實習，每天製作援助開發中國家的厚厚預算書，但對被她規畫的國家毫無認識，她決定到最貧窮

的孟加拉看看，才能真正為當地制定可行計畫。

孟加拉是亞洲最窮國家，四三％人民每天生活費低於一．二五美元。在首都達卡，繪理子首次見識到貧民窟，極度赤貧景象衝擊她善感的心。短暫停留後她選擇留下，想為孟加拉做點事。

善心不敵人性，連番遭背叛

「用黃麻做出『可愛的手提包』，讓先進國家人用較高的價格購買。」她腦筋動到孟加拉最大宗出口品黃麻身上，嘗試用商業手法解決貧窮問題，創業當年繪理子才二十四歲。

花了半年好不容易找到工廠願意生產後，卻碰上護照被工廠員工偷走，雙方被迫結束合作，透過朋友介紹，才又找到另一間小工廠。為了在孟加拉做「可愛的手提包」想法，一路上她都得面對不斷「歸零」的無奈。

就在工廠逐漸上軌道時，孟加拉因選舉升溫，發生街頭衝突，光是工廠前的道路一天就死了三個人，各國商社也紛紛撤回駐地人員，繪理子整整一週都躲在旅館以電話聯絡，等到稍微平息，她抱著工廠的改善藍圖飛奔到工廠，推開生銹厚重的鐵門，眼前出現的光景，她一輩子都不會忘記。

一切都消失了。縫紉機、材料、設計圖，還有工廠裡的工人，什麼都沒有。「我又被背叛了嗎？」不僅損失貨款，更糟的是，三個月後日本新品發表會怎麼辦？眼淚模糊了視線，她撥著手機按鍵，電話通了，「啊，是阿佩魯（工廠老闆）先生嗎？你現在在哪裡？」對方回答：「繪理子啊！早安，我現在在工廠啊……，」（喀嚓）電話斷了，再怎麼撥都不通。一頭熱的想幫助人，多苦她都忍過去了，但是換來的還是背叛。繪理子回想：「這是我最痛苦的回憶……，我最想放棄的一次……。」五、六天的時間，天天流淚。

貧窮是最傷人的武器

翻開二〇〇五年五月，創業之初她滿腔熱血在素描本寫下：「我希望為這塊土地點亮一盞希望之燈。」

「我重新問自己為何要來這裡？這裡充滿了欺騙，但是他們生來如此嗎？不，是貧窮讓他們做這件事，貧窮才是最傷人的武器，我就是想改變這件事，只要初衷沒變，我就不該離開這裡，即使只有〇．〇〇〇一％的可能性，我也要堅持不斷走下去。」

她再次擦乾眼淚，再次從零開始。這次繪理子決定自行成立工廠，帶著在日本的報導與銷售業績，說服孟加拉「設計師養成學校」所長阿提夫，願意撥出五成的時間幫她監督工廠，還介紹了可靠的打樣師。

二〇〇七年，Motherhouse第一間專賣店在東京開幕。現在Motherhouse在日本與台灣共有十八家店，八成客戶購買商品，是因為設計而非僅出自公益。

二〇〇八年，山口繪理子決定把這種商業模式帶到尼泊爾，「那裡的基礎建設比孟加拉更差，一天有十四個小時停電。」她自嘲著說，但是，她不打算就此停下，要繼續走自己的道路。

山口繪理子 小檔案

一九八一年出生，慶應大學畢業後投入國際組織的第三世界開發援助工作，二〇〇四年在孟加拉創立Motherhouse品牌，帶領當地人以黃麻製作包包。二〇〇九年美國《彭博商業週刊》將山口繪理子列為二十五位亞洲最佳年輕創業家之一，二〇一一年入選《日經Business》一百位擁有創造時代能力的人物。

可以失敗，但絕不能放棄

霍金斯　房地產銷售天王

「你在浪費我的時間！」一位穿西裝、打領帶的紳士，對著全場一千五百名聽眾狂吼。台下一片肅然。

他走下舞台，停在一個恍神的學生面前：「你們的公司付錢，你打算空手回去嗎？」學生羞赧的講不出話。說完，他走回舞台，繼續教授如何面對客戶的拒絕。台下學生聚精會神，振筆疾書。

我們問他：「你對學生這麼嚴厲？」

他說：「是的，來上課不能白花錢。我的激勵營不是勵志營，是軍營！」

湯姆・霍金斯（Tom Hopkins）曾經一年賣出三百六十五棟房子，創下全美房地產銷售最佳紀錄，其後他轉型為銷售教練，是全美銷售講師中，演講費最高者。三十八年來，超過四百萬人上過他的課，效法他從細工到銷售天王的成功心法。

大學念三個月，就輟學當綑工

時間回到一九六一年，霍金斯十七歲，成為大學新鮮人。霍金斯的家境普通，父母累積每一分錢，希望他能念大學。當時多數美國人相信，擁有大學文憑等於掌握成功的關鍵。沒想到才念三個月，霍金斯輟學了。

「我不想上大學，我也不是一個好學生。」霍金斯在學期中回家，直接跟父母攤牌。

「我跟你媽奮鬥一生，只為送你念大學；如果你不念大學，就不可能成功！」父親失望的說：「我們永遠愛你，即使以後你會一文不名（You will never amount to anything）。」

「你會一文不名」這句話，如利刃般刺傷他。他告訴自己：「我一定要證明給父親看，沒大學文憑也能成功。」

但是，沒有大學文憑的人生只能從工地搬鋼筋開始，「十一號鋼管，每根超過一百五十磅（六十八公斤），直徑如拳頭般粗，」霍金斯清楚記得，但一小時能賺五美元，比一般上班族收入好。不過他逐漸發現，工地裡三、四十歲工人，看起來很蒼老，滿臉皺紋，肩膀衰頹，「我不想變成那樣，我要往高處爬。」

一天，他的朋友吉姆到工地找他。吉姆穿西裝、打領帶，開黑頭車，「我問他如何辦到？他說他當房地產業務員。」

根據班杜拉（Albert Bandura）的社會學習理論，人們常藉由觀察和模仿他人的態度或行為，來形塑自身行為與價值觀。霍金斯把吉姆當作他未來的鏡子，努力想跟他一樣。

「我認為西裝和領帶是成功的象徵，我想當生意人。」

轉行做房仲，穿樂隊制服上班

雖然考房地產業務員證照失敗三次，霍金斯卻屢敗屢戰，第四次終於考上。十九歲，他進入當時加州最大的房地產仲介商Forrest Olsen。

第一天上班，霍金斯沒有西裝，只好穿著高中鼓號樂隊制服參加業務會議，一進門，所有人都盯著他。業務經理指著他大聲說：「如果這個穿樂隊制服的小毛頭能做起來，那你們其他人都會變得更有錢！」

經理的嘲弄一語成讖。

他找不到方法，入行半年，只成交一棟房子，月薪僅四十二美元，是當時平均月薪的二十分之一；他靠細工時期存款過活，最後存款只剩一百五十八美元。

他走投無路，求教於吉姆，吉姆建議他去上當時美國培訓教父艾德華茲（J. Douglas Edwards）的銷售課程，但課程需要一百五十美元，相當於現在的一千美元、新台幣三萬二千元。

冒險下賭注，花光存款學銷售

拿出九五%的存款去上不知道成果的課，會讓生活陷入困境；如果課程無用，就像把所有財產扔進水裏，他將一無所有。但如果不投資自己，很快會用完一百五十八美元，困境依舊，毛毛蟲永遠是毛毛蟲，不會成為蝴蝶。

二十歲的他，決定孤注一擲。這個困難時刻的決定，凸顯他的膽識，也改變他的一生。

「有時候為了生活，你必須甘冒風險下賭注（take a risk）。如果沒有當初的賭注，也不會有今天的我。」霍金斯說。

因為退無可退，在三天的培訓課程，他比誰都認真，連艾德華茲都注意到他。

「那是一個加州的培訓課程，我在台上注意到第一排坐了個年輕人，穿著高中樂隊制服來上課，眼睛瞪好大，筆記記飛快，好像要把我講的每個字都寫下來。」多年後，艾德華茲在一篇文章中回憶當年霍金斯上課的情景。

在三天的課程裏，霍金斯學會在各種銷售情境下，如何找對的人、問問題、聆聽，創造銷售機會。更重要的是，他學會面對恐懼。

前門被甩門，換後門再試一次

小時候，霍金斯曾在舞台上說不出話來，被觀眾嘲笑，因此他非常害怕在眾人面前演講。但訓練營最後一天，艾德華茲要求學生上台演講，並告訴大家：「你必須去做最害怕的事，才能克服恐懼。」前一晚，霍金斯徹夜練習，隔天，他拿到訓練營學員演講冠軍。

就像溺水者抓到浮木，他緊握一絲希望。從訓練營回來後，他反覆練習艾德華茲教的話術。每天晚上，他針對隔天見面的客戶設計對話，若客戶只給十分鐘，他會在鏡子前面練習一小時，至少花六倍的時間預演，把整個情境練習到滾瓜爛熟，幾乎成為反射動作。

有一回，霍金斯挨家挨戶拜訪區域內屋主，一位老太太不等他介紹完畢，劈頭便說：「房屋仲介商，你們好噁心（you disgust me）！」說完用力甩上門。多數人會識相離開，但霍金斯走到後門敲門，老太太開門，他笑著對她說：「您在前門時心情似乎不太好，現在看起來還不錯，你好嗎？」隨即遞上名片，上面手寫「Thank you」，老太太笑了。

鐵路旁邊的房子，月賣十八棟

「我沒有遇上拒絕就離開，回家抱頭痛哭，」霍金斯說：「我做了我所恐懼的事情，這就是建立人格（building character）。」

「可以失敗，但絕不能放棄（Fail, but never quit）。」他強調。

令他在加州地產界聲名大譟的一役，是在三十天內，賣出十八棟位於鐵路旁邊的房子。

一九六九年，二十五歲的霍金斯，全年銷售了三百六十五棟房屋，累計五年業務員生涯共銷售出一千五百五十三棟房子，刷新全美房地產銷售紀錄。

隔年，他榮獲當時全美最大的激勵課程公司「美國銷售大師」（American Salesmaster）頒贈「頂尖業務員」大獎（Top Sales Award），此獎從當年全美業務員中，挑選六個領域的頂尖業務員，霍金斯成為美國房地產業務之最。

五年內，從只有一百五十八美元的窮小子，變身年收百萬美元的新富豪，其年薪比當時加州平均年所得，超出兩百倍！

因戰功升官，當上主管很痛苦

霍金斯卻沒想到，因戰功彪炳而升官，卻迎來另一個人生挫折。

他自信的以為，只要把自己成功的模式複製到團隊身上，就能創下好成績。但他自我要求太高、太有紀律，同事跟不上，他成了孤獨的主管。

十八人中，只有五個人符合霍金斯要求的工作標準，其餘十三個人，看在他眼裡，每天晚到早退，不出門找客戶，怎麼講都沒有用。「我覺得挫折，我想要贏，但我沒辦法靠當主管贏，我也沒辦法讓員工跟我一樣想贏。」

工作時間也令他挫折：「當業務員時，我可以在外面賺錢，享有自由，但變成經理，時間不自由，還得跟輸家共事，我一點也不樂在其中。」

當主管令他痛苦，他是傑出的業務員，卻是失敗的主管，他陷入困境，但不等於無路可走。老天為他關起一道門，卻開啟另一扇窗。

霍金斯成為「美國之最」後，經常受邀演講，他發現，自己透過演講分享銷售心得時，得到前所未有的快樂。

「我其實並不愛比賽，」霍金斯分析：「多數人的激勵來源是錢，其二是安全感，其三是被賞識與肯定，其四是自我成就感。」他的激勵來源早期是錢與父親的肯定，他已經用財富與成就向父親證明自己不念大學也能成功，接下來，他需要自我成就感。

要演講五千場，分享銷售心得

一九七二年，他決定離開加州，接受亞利桑那州一家房地產證照學校的邀請，擔任講師。其後，他買下這所學校，全心投入培訓課程。

四年後，他成立同名公司，專門安排演講、出版、籌備訓練營等，為企業培訓房地產、壽險、直銷甚至科技業等業務人員。霍金斯並開設激勵課程，吸引業務員之外，例如工程師、醫生、明星、政治人物等參與。

八〇年代，霍金斯被選入美國演講名人堂（National Speakers Hall of Fame），成為一百五十一位成員之一，與美國前總統雷根、鮑威爾將軍並列。

《紐約時報》一九九六年一篇報導指出，「當多數講師都無法給具體的商務建議時，唯有霍金斯能不假思索給予一連串實用銷售提示。」

六十歲後，他回歸簡單，霍金斯說，「我不再需要更多的錢。現在唯一的目標，就是要演講滿五千場。」至今，他已經演講超過四千七百場，自我定位是「做業務員的公僕，協助他們成功。」就像當年聽的那一場改變他一生的演講一樣。

霍金斯 小檔案

一九四四年出生，大學輟學，曾當過建築綑工，出版暢銷書《銷售大師》，成立 Tom Hopkins 公司後，負責自己的演講事業。

與其溫水煮青蛙，不如一次砍掉，再快速翻回

潘健成　群聯電子董事長

群聯電子董事長潘健成，年紀輕輕就戴盡一切光環：林百里第二、最年輕的股王、最年輕的交大五十傑出校友。媒體上的他，一張帶著淺淺酒窩的娃娃臉，清新、而又激勵人心述說著他的成功傳奇。

私下，業界對潘健成有個與他年紀極不相稱的封號——老練商人。創業前期，潘健成追求獲利成長，事必躬親，也養成他的霸氣——見員工累犯，就直接K人。

潘健成有高壓領導的資格。二〇〇四年十二月，群聯掛牌上櫃時，年營收不到四十億元；七年後，年營收已超過三百億元。二〇〇七年七月，群聯股價衝上六百九十八元，一度打敗聯發科技，成為IC設計股的股王。二〇一〇年五月，被美國《彭博商業週刊》（*Bloomberg BusinessWeek*）列名世界頂尖科技公司的第六十五名。

也因為如此，潘健成承受只能贏不能輸的極大壓力。「你們知道嗎，我曾經得過躁鬱症，」潘健成在受訪時語出驚人。原來，兩年前，有一回，他又不由自主的對員工咆哮起來，當下，他警覺到，自己經常三不五時冒火，是不是有什麼問題，於是去找精神科醫師檢查，發現自己生病了。「這是成長的代價，」潘健成說，他除了看醫生、吃藥，也增加運動量，多跑步、游泳，健康與情緒才明顯好轉。

先改變自己，對員工開誠布公

然而，通過這一關，真正的考驗才來到。二〇〇八年五月以後，Flash（快閃記憶體）價格開始滑落，潘健成發現口袋現金從年初的三十億元，直速縮水到十一、二億，當機立斷把高達三十億元的庫存全部砍掉求現，平均獲利折損五成，股價也從二〇〇七年的六百多元，跌到三、四十元。「我不會把自己用到沒錢，借錢會養成依賴，與其像溫水煮青蛙，慢慢任人宰割，不如一次砍掉，再快速翻回。」他說。

當時雖已爆發金融風暴，但海嘯尚未襲來，潘健成的舉動，令業務大惑不解，抱怨連連。向來反應快、手段狠、眼光準的潘健成，對自己的決策很有把握，卻忽略了員工的恐懼。直到二〇〇八年十月，他接任董事長，從帶兵打仗的將軍轉為調度兵馬的元帥，才有空放慢腳步。

「有一天中午，我到餐廳吃飯，聽到員工都在感嘆，好日子已經過去，何時才會回到過去黃金時代？」他心裡一驚，原來表面上大家每天都如同以往挑燈夜戰，其實軍心渙散，人心惶惶；「大家都在討論明天，想著股價什麼時候回到三位數，當你只幻想著明天，就不會專心把今天的事做好，」潘健成說。

他開始思索要對員工開誠布公，溝通自己的想法和做法。這件事對潘健成而言，並不容易。

長久以來，他習慣做事急著問結果、不講原因，沒時間也不習慣與員工分享想法；這次他決定要改變做法，但第一堂課，就是要坦承公司面臨考驗、要大家共體時艱，這有違潘健成向來不彎腰、不低頭的硬漢風格，也因此，他對於表達的方式、態度，一直舉棋不定。

群聯邀請《自慢》一書作者何飛鵬到公司演講，潘健成私下跟何飛鵬透露，他過兩天將召開員工大會，想要坦白公司情況，希望同仁歸零，回到創業時精神。沒想到，何飛鵬演講一開場，就宣布了他的想法，「何先生幫了我很大的忙，如果他沒有預告，員工大會時我一定又是很嚴肅的訓話，」潘健成說。

積極主動喊話，更凝聚向心力

到十月初的大會那天，四百位員工來了三分之二，潘健成搬出現在的條件，與創業時比較，告訴大家其實沒什麼好怕的，「有恐懼是因為不知下一刻會怎樣，但現在好好做，認真做，一定比較好。」他說得很白，「明天不會更好，明年（〇九年）也不會好，大家一起重新來過，熬個一、兩年才有可能重生。」一個月後，他便覺得員工心定下來做事，部門主管開會也不再吵吵鬧鬧。

「這是一個賭注，」潘健成發覺改用積極主動的精神講話，比含蓄的方式更能凝聚向心力。一位中期才參與群聯的員工說，那時起，他可以體會到公司創業時的團結氣氛。

二〇〇八年十一月，為降低成本，福委會和人力資源部提出建議，一方面降低公司提撥福委會的基金，一方面調降油費補助；主管覺得這是小事，直接公布就好，但潘健成要求在月會解釋和公布施行細則，徵求員工同意後才做。此後，每逢法說會，潘健成一定在前一天把所有內容與財務數字先跟員工報告。

「雖然每天做一樣的事，但員工有沒有用心，結果是不同的，」潘健成說。二〇〇九年一月Flash價格反轉，快閃記憶體控制晶片全年出貨量達二億四千多片，二〇一〇年出貨量倍增，衝上五億片；二〇一一年前三季，群聯就已經賺到一個資本額，再度展現出創業的活力。

潘健成 小檔案

一九七四年出生，交通大學電機與控制工程碩士，曾任慧亞科技研發部副理、群聯電子總經理，現職為群聯電子董事長兼執行長。

到了谷底就會開始往上，最差、最差就到這裡

邱淑容　超馬媽媽

二〇〇八年十月，某醫院加護病房內，躺著超級馬拉松（簡稱超馬）和馬拉松七天賽的亞洲女子紀錄保持人、人稱「超馬媽媽」邱淑容。

當年，邱淑容赴法國參加十八天超級馬拉松比賽，贏得女子組第二名。但得獎隔天，邱淑容腳底水泡擴散成蜂窩性組織炎，再引發敗血症，一週內細菌從腳底蔓延至內臟再竄上左肩，為保住性命，醫生截去她的右腿和左腳。

苦練十五年登上全球超馬高峰，卻在一週內失去雙腳。「這是我人生最大的一個巴掌，打得我又痛又響，」她說。少了一條腿，身體不能平衡，她坐不起來，每次立起上半身，立刻滑下去，只能依賴家人照顧。

「一個亞洲紀錄保持人，現在吃、喝、拉、撒都在這三尺、六尺的單人床上，就這樣結束了嗎？」每晚她自問。

為了不連累家人，她下定決心：「我一定要再站起來！」她告訴自己，「以馬拉松的精神去面對，有目標，就要達成。」

截肢後改騎三輪，要跑五十場

她到義肢公司戴義肢練習走路。每週練六天，每天六小時，從不間斷。截肢九個月後，邱淑容就重返職場上班，每天早上與跑友到衛武營、澄清湖運動，跑友們跑步，她騎三輪車。「她很堅強，不靠別人，才能恢復得這麼快。」邱淑容的先生盧華傑表示。

二〇一〇年，邱淑容在全球超馬跑友邀約下，重返法國十八天超級馬拉松跑場，在比賽的最後一天，到終點的沙灘等著跑友，告訴他們自己現在很好，別為她擔心。

放下超馬，放下傷痛恐懼，她開始接納過去種種，不覺得人生不公平，反而說：「我覺得人生對我太好了！」

「我跟你說，每個人都會走到這一刻。你以為你還在高峰，可是你已經開始走向谷底，但是你不知道；你一定要走到谷底，才會知道，到了谷底就會開始往上。

我知道我最差、最差，就到這裡，用馬拉松精神，我一定會再往上。」她說。

現在，她騎三輪車重返馬拉松比賽。一般馬拉松選手都以終身「百馬」（一百場馬拉松）為目標，而她的目標則是，退休前要騎三輪車「跑」完五十場馬拉松，平均一年七場。

邱淑容小檔案

三十五歲開始跑馬拉松，是超級馬拉松（簡稱超馬）和馬拉松七天賽的亞洲女子紀錄保持人，也是台灣五十公里、一百公里、十二小時和二十四小時的最佳女子紀錄保持人，人稱「超馬媽媽」。

我只是看不見，其他還是能做得很好

黃裕翔 盲人鋼琴手

黃裕翔，以他人生經歷改編的國片《逆光飛翔》，由他演出自己，因為只有他，才能精準詮釋不被命運安排的人生。「我只是看不見而已，其他部分，還是有自信能做得很好。」如果沒有這句話，可能就沒有《逆光飛翔》。

從小，黃媽媽為了讓全盲的黃裕翔跟其他小孩一樣，能感受日照、感覺到風吹過、接受各種刺激，她每天都推著嬰兒車，帶他到不同地方散步，也讓黃裕翔讀一般小學，讓他面對社會化過程。有次上廁所，別班同學笑他是「青暝」（台語：盲人），他回家向媽媽訴苦，「結果她跟我說，小朋友不懂事，而且你是看不見啊，不要覺得是在罵你。」黃裕翔說。

家族支持的力量，讓黃裕翔逐漸建立起自信，也認同自己「只是」看不見。

例如，他從不因為眼盲，而要求對家事有豁免權。即便父母從不要求，他會主動摺棉被、拖地、洗碗，甚至曾獨自修好家中壞了許久的水龍頭，比很多看得見的孩子還勤勞。

立志主修鋼琴，機緣破格錄取

高中時，黃裕翔立定志向，想進入音樂系主修鋼琴，可是台灣的音樂系有不接受盲生主修鋼琴的不成文規定。有一次，當時的銓敘部部長訪視啟明學校，校長安排他上台演出，黃裕翔認真彈琴的陶醉模樣，打動了部長。黃裕翔因此進入台灣藝術大學音樂系，成為全台灣第一個主修鋼琴的音樂系視障生。

剛上大學時，陌生的環境，加上缺乏人際互動，讓他相當孤獨，好幾次想放棄。《逆光飛翔》導演張榮吉是他台藝大的學長，一次吃飯，張榮吉跟他說：「與人相處的課題，是一輩子的，如果現在逃避、放棄，未來還是要面對。」

這段話讓黃裕翔開竅，開始主動認識同學、交朋友，繼續堅持這條與一般盲生不同的追夢之路。

黃裕翔 小檔案

一九八七年出生於台中，台灣藝術大學音樂系畢業，目前在台中市盲人福利協進會的「黑墨鏡樂團」以及「爸爸辦桌樂團」擔任鋼琴手，二〇一二年獲得第四十九屆金馬獎年度台灣傑出電影工作者。

第6章

你是不敢？還是不行？

怕，才有勁！怕才會提高警覺

李安　奧斯卡最佳導演

在美國奧斯卡金像獎八十五年的歷史中，只有十九個導演曾經拿下兩次以上最佳導演，李安，不僅位列其中，更是唯一一位華人。

二〇〇八年，二十世紀福斯影片公司找上李安，拍攝號稱有史以來最難改編的奇幻小說《少年Pi的奇幻漂流》。故事背景橫跨兩大洋三大洲，主角只有一名少年與一隻老虎，十分之九的故事都是在水上發生，這對電影來說是不可能的任務。

這部電影有多難？在李安之前，福斯曾找過三位國際知名導演，分別是曾經入圍奧斯卡最佳導演的奈特．沙馬蘭（M. Night Shyamalan），執導過《哈利波特》的墨西哥名導艾馮索．庫阿隆（Alfonso Cuarn），以及以奇幻風格享譽國際的法國導演尚皮耶．蒞內（Jean-Pierre Jeunet）。前兩人在看完劇本之後，因為難度太高而拒絕，第三人則是在花了長達一年的時間進行前置作業之後，覺得拍不出來而作罷。

李安，是唯一一個敢接下任務的人。這次的任務不一樣，除了要征服拍片難度之外，他還要征服那個當年慘敗在《綠巨人浩克》手下的自己。

勇敢面對慘敗，重新克服恐懼

二〇〇三年，美國最大漫畫公司漫威（Marvel）找李安執導《綠巨人浩克》（*The Hulk*）。李安當時不懂電腦特效，題材又是他最敏感的父子關係，加上首次碰到好萊塢的商業與發行機制，讓他面臨龐大壓力。結果，這部砸下一億六千萬美元（約合新台幣四十七億元）超高製作成本的電影，慘賠收場，甚至被評為「悶到爆炸的爛片」。之後，雖然《斷背山》讓李安扳回一城，但在好萊塢主流商業片，他仍然缺席。

關於失敗，一般人的反應是避之惟恐不及，極少有人敢回到過去，重新面對心中的恐懼。李安恰巧就是個例外。

「每過一條路、翻一座山，我便要去克服或繞道！」這，就是李安給自己的承諾，他一直沒有忘記《綠巨人浩克》的慘痛經驗。

接下《少年Pi》，有人問他說，難道不怕再次失敗嗎？「怕，怕才有勁！怕才會提高警覺。」

在醞釀《少年Pi》時，3D技術根本不成熟，而要做出模擬上百種浪型的造浪池，讓主角跟老虎一起在船上拍片，根本不可能。李安像主角少年Pi一樣，拿著棍子，瞪著眼前的老虎，想辦法與牠周旋，然而眼前的老虎不只一隻，除了之前《綠巨人浩克》的失敗經驗，另個害怕是要回台灣拍片。

放棄資源豐富的洛杉磯，把整個好萊塢團隊拉到有如電影荒漠的台灣拍攝，製片公司問李安，台灣沒人才、沒經驗、沒資源，去那邊幹什麼？李安堅持說：「如果不讓我在台灣拍，就請另外找人吧！」製片公司只好退讓。從那一刻開始，李安就背負了一億兩千萬美元的龐大壓力。

喜歡做的事，一定是不安全感的

他曾經自嘲，「名字裡頭有個『安』字，但是我其實一直都在不安當中。」正是這個不安，成為促使他創作不絕的動力來源。「人家沒有做成功，對我來講是很有吸引力的，我想做電影……，但是我敢說一句話，我絕對不是一個要安全感的人，喜歡做的事情，一定是不安全感的。」

李安說，「我經過失敗、我經過成功，可是永遠沒有安全感。……當我覺得有安全感的時候，反而覺得好像什麼東西不對勁。」

不同於其他的奧斯卡知名導演，都有主要的拍片類型，李安的作品從《理性與感性》、《臥虎藏龍》、《斷背山》、《色．戒》，一直到《少年Pi》，類型從文藝、武俠、同志、政治歷史、英雄、到奇幻都有，一再顛覆挑戰自己。

「你能夠撐過那個痛苦點跟低潮，新的東西就會找你。」「你不要想你受的苦，你就給它拚下去……，你不要說人家不接受你，算了。你一定要把它解決，一天、兩天、三天，一個月、兩個月，一定會有一個突破，trust me！」

這，就是李安，一個不斷向自己挑戰，從而兩度登上高峰的男人。

李安 小檔案

一九五四年出生，紐約大學電影製作碩士，曾以《臥虎藏龍》獲奧斯卡最佳外語片、《斷背山》與《少年Pi的奇幻漂流》獲奧斯卡最佳導演獎。

翻身只有一次機會，你就是要用盡全力

彭于晏　兩岸當紅演員

在國片《翻滾吧！阿信》片尾，彭于晏飾演的體操選手站在跑道前，看著二十五公尺外、高達一．三五公尺的跳馬，心想，若成功跳過馬背、落地，金牌便可到手，但是，若失敗，很可能重重摔下，再也無法起身，選手生涯宣告結束。

「翻身只有一次機會，你就是要用盡全力。」彭于晏在接受《商業周刊》專訪時說。

其實，這樣的抉擇不只出現在電影裡。對彭于晏來說，二〇一〇年拍《翻滾吧！阿信》時，他正處於事業低潮，花半年時間苦練體操，飾演浪子回頭、奪下金牌的「阿信教練」，也是他人生最後一次的翻身機會。幸好，他成功了。

為了《翻滾吧！阿信》，他每天練十二小時體操，所有跳馬、單槓、吊環高難度動作都親自上陣，兩、三個月就達成培訓三、五年的狀態，操到體脂率只剩六％，比專業選手更精壯（編按：一般十八歲到三十歲男性，體脂率在一四％至二〇％間）。

「簡直瘋了！」《翻滾吧！阿信》導演林育賢談起當初彭于晏的投入，印象依然深刻。

別人說不行，我就想一定可以

出身單親家庭的彭于晏，從小就受外婆、媽媽疼愛，十三歲赴加拿大念書，直到二十歲才因外婆過世，回台奔喪，被兒時拍廣告的導演發掘，休學踏入演藝圈，憑著亮眼外表，拍第二部戲就從配角變男主角，堪稱「人生勝利組」。

但，二〇〇八年年底，一紙合約，卻讓他和前經紀公司鬧翻，甚至對簿公堂。超過一年的興訟過程，他不願讓家人操心，窮到吃7-Eleven度日，也沒人敢找他拍戲。直到林育賢送上《翻滾吧！阿信》劇本，他才彷彿在大海中找到一塊浮木。

「如果人生只有一次翻身機會，那就用盡全力翻滾吧！」阿信教練的真實經歷，重新點燃他心底的表演欲。

彭于晏知道，這很可能是最後一搏，他狂練體操，開拍前三個月乾脆住在宜蘭，在劇本逐字記下羅馬拼音，強背台語，只為讓自己更融入角色。「別人越說不行，我就會想一定可以。」這一翻，讓他從谷底躍起，更憑《翻滾吧！阿信》入圍第四十八屆金馬獎最佳男主角獎。

和外婆的約定，推著他向前行

彭于晏自認很愛冒險，尤其當他走出低潮，無數戲約送上門來時，他卻放下在台灣重建的名氣，轉進中港發展，從小配角演起，企圖拋開過去的偶像包袱，挑戰《寒戰》中的反派角色。

「拍攝的那幾天，很緊張，每晚都睡不著，只能一直排練，一直排練……，哪怕只有幾場戲、幾句台詞，有表現的我就一定要去做。」雖然只有三場戲，做為劇組唯一的台灣演員，他從開拍前兩個月就每天「做功課」，為角色設計劇本裡沒有的橋段，揣摩人物性格。

根據中國媒體報導，現在他拍一集電視劇酬勞約人民幣四十五萬元（約合新台幣兩百二十萬元），比起過去在台灣成長五倍以上，接一部電影也有近人民幣兩百萬元（約合新台幣九百八十萬元）收入。

究竟是什麼力量推他前行？彭于晏跟我們說起他和外婆的約定。

「小時候常陪外婆去看電影，她很喜歡周潤發、周星馳、成龍，每有報導都會剪下來給我，跟我說，晏晏，這些男人沒念很多書，但是他們很認真、很了不起，是華人之光。」埋在心底的這席話，每當他困頓時總會浮出腦海。

曾被鎂光燈遺忘，失而復得，讓他緊抓住任何機會。現在，彭于晏的肩上能否再翻出更漂亮的成績，全部人都在看。

彭于晏 小檔案

一九八二年出生，加拿大英屬哥倫比亞大學經濟系肄業，電影演出的代表作包括：《聽說》、《翻滾吧！阿信》、《愛》、《寒戰》、《激戰：勇者不敗》等。

我不要被淘汰掉，我要留下來！

李東林　台灣黑狗兄．東林織襪創辦人

這是一個做了二十年襪子代工的頭家，自創品牌，拒絕被K.O.的故事。

彰化社頭與鄰近鄉鎮約六萬人以織襪為生。二〇一二年農曆年前，原本是喜氣的日子，綽號「黑狗」的東林織襪老闆李東林卻繃著臉。一小時前，他接到電話，「有狀況，（機器）全部先停！」下單的貿易商說。

幾週前，他還被貿易商告知，是國際知名品牌愛迪達（Adidas）運動襪優良代工；才幾天，單子卻沒了。

愛迪達訂單占他營收六成，費盡千辛萬苦才拿到。原本想，四十五歲後應該能存夠錢過逍遙日子，沒想到四十四歲，卻頓失主要經濟來源。

社頭，曾因織襪業而風光，一九九〇年代初台灣織襪登上輸美第一。當時李東林和妻子Amy就像許多台灣小頭家，兩個人、幾台機器，在租來的小房子內開始創業。後來歷經WTO衝擊，有頭家退場，有頭家外移，另有一群頭家留在原地轉型，李東林也選擇留下。

看不到客人，也看不到敵人

夫妻倆夜以繼日賺錢存錢、買機器。二〇〇八年愛迪達訂單來了，這張訂單讓李東林攀上高峰，二〇一二年營收創新高，達九百萬元。

但是隨著歐韓、美韓自由貿易協定先後生效，愛迪達訂單說抽就抽。對襪業來說，這波全球化比前兩波更嚴峻，社頭甚至傳出「滅鎮」的預言。

社頭普遍接「三手單」，李東林也是。美國貿易商下單給台灣出口商，後者又下單給社頭貿易商，然後才到李東林手上。他看不到客人，也看不到敵人，單子走了，像風箏突然斷線，連挽留的機會都沒有，命運完全操縱於人。

「轉型做品牌」，這個原本不敢奢想的夢，開始在李東林心裡萌芽，他想跳脫三級接單宿命，「現在沒有跳出來，三年後一樣要跳出來。」

但，門檻很高，他沒把握。

首先，碰到代工與品牌的兩難。當代工想自行接單、自創品牌，有訂單的老闆感受到威脅，會將單子挪給其他代工；轉型還沒接到新單，舊單可能就先沒了。還有包裝、設計，都是難題。

未來沒把握，頭剃了就繼續衝

夢想的背後是壓力。戰或逃？李東林只能選擇其一。他拿出運動員精神：「我不要被淘汰掉，我要留下來！」

李東林開始設計新款運動襪、找人試穿、蒐集意見、不斷修改。Amy在臉書上建網頁，遞件申請品牌、專利，裝潢展示間、印目錄，把難題一一解開。

未來會如何李東林沒把握，「可能會更差，但頭剃了也只能繼續往前衝，」他自我勉勵。就像《愛麗斯夢遊仙境》故事中，紅皇后的名言：「在我們這個世界裡，你要一直拚命的跑，才能保持在同一個位置。如果想到別的地方，至少要跑得比現在快兩倍才行！」

二〇一三年三月，李東林的showroom完成了，裡面掛著自創品牌「OH9」的襪子，他看著showroom，突然感謝起愛迪達：「如果不是愛迪達fire我，我可能還是會想過安逸日子。」在全球化的競爭中，李東林正拚命往前跑。

李東林 小檔案

一九六八年出生於彰化，經營東林工業社二十年，原本為國際品牌代工襪子，二〇一二年自創品牌「OH9」，研發生產運動襪。他的故事曾被拍成紀錄片《台灣黑狗兄》。

我不想妥協，我在等待使命降臨

戴維斯　國家地理頻道探險家

他的朋友一個墜谷身亡、一個溺斃、一個被鱷魚活活咬死，一頭蓬鬆淡棕髮髮的維德．戴維斯（Wade Davis）能夠站在這，簡直是件奇蹟。

他身後是一片豔綠色的背景，全身簡單休閒的黑色衣服，在二〇一一年的ＴＥＤ演講廳上，自然的走動，邊向聽眾談著他左邊大型投影片中的故事。投影上的巫師臉上的彩繪、頭上的彩羽、背後的綠林，在他臉上投射出一道道斑斕光影，瞬間，他也像走進照片，隱身叢林。他是國家地理頻道唯一全職的「駐會探險家」（Explorer-in-Residence），一個哈佛大學民族植物學博士。

從哈佛畢業的高材生戴維斯，先變成伐木工人，再變成活殭屍研究專家，最後成為頂尖的探險家；在這些跨界的冒險中，追求哈佛無法教他的知識。

正當過去教過他的哈佛教授，完成第五百篇論文時，戴維斯發現自己不想過那樣的人生。「很多學者死板守舊，限定很窄的領域，見樹不見林（他比了一個目光如豆的手勢），而且也沒看到，森林，正在著火。」

戴維斯說的「火」，是指許多族群語言及文化，正快速凋亡。他用低沉的嗓音說：「在我這一代，全球約有六千多種語言，但一半以上現在都沒有教給他們的孩子，每兩個星期就有一種語言從地球消失。」這意味著，每過一個世代，人類可能喪失一半的智慧、社會與精神遺產。

提供嶄新角度，看待殘存文化

戴維斯說：「好朋友一個個死了，我能活到今天，必定有什麼不同的使命。」二〇〇〇年，他在國家地理學會邀請下，接下駐會探險家一職，主要任務就是「在十年之內改變世人對於文化的看法。」

國家地理頻道在全球一百六十六國、擁有二億五千萬觀眾。站在這個全球平台，戴維斯試圖讓觀眾用嶄新角度，看待這些殘存的文化。

戴維斯在加拿大魁北克（Quebec）省長大，父親是銀行家，雖因工作關係，經常接觸傲慢的大人物，但回到家後，父親總對小小戴維斯說：「不要忘了，每個人每天一早都要去浴室。」意思是，人人生而平等，維持每個生命的基本要素都是吃喝拉撒睡，沒有人比另一個人更高尚或更卑賤，也沒有一種文化比另一種更優越或更低下。

父親的話深深影響著他。戴維斯的家位於蒙特婁（Montreal）的英語系郊區，和一個古老的法語區鄰接。僅一路之隔，英法兩區有完全不同的語言、宗教、世界觀，老死不相往來。少年戴維斯，總被馬路另一頭吸引，他捉到機會，雀躍快步跑到馬路對面，躲在這古老法語社區「探險」。

哈佛高材生，從伐木粗工做起

年少「跨界」，也成為他畢生的象徵。一九七〇年代，在哈佛大學主修人類學的戴維斯，花了三年到亞馬遜雨林及安地斯山區做研究，採集六千多種稀有植物樣本。畢業時他拿到哈佛優等（honor）榮譽成績畢業，「如果我願意，可以申請到全美國任何一家研究所。」

身邊成績好的同學，紛紛選了醫學院、法學院。他卻想完全離開熟悉的生活，離開學術的象牙塔，體會另一種人生。「很多人恐懼改變，害怕冒險，我從不害怕改變。」

他在加拿大森林伐木營，從最低階粗工做起，一待就是三年。他學習伐木人的穿著、說話、吐口水、砍伐技巧，把自己徹頭徹尾變成伐木工，甚至還變成獵人。

坐在一張張原住民照片前，戴維斯回想，哈佛畢業後，他就一直感到一股「一定要做什麼」的社會集體壓力，逼著他無法喘氣。他睜大眼睛說：「我和這種社會壓力對抗前後八年，這幾年不好過，我一直忍受高度不確定性，但我不想妥協，我在等待，等著我的使命（destiny）降臨，等著我的命運找上我。」

投入活殭屍研究，寫出暢銷書

終於，一九八二年，他協助一位教授到海地研究當地的神秘會社——巫毒教（Voodoo），並嘗試找出巫毒製作活殭屍（zombie）成分，為什麼某類藥草可以令人致死、埋葬、再復活，然後過著幾近奴隸般的生活？

投入研究活殭屍時，他所有身邊人都問：「哎呀，你瘋了，研究這幹嘛？」壓力蜂擁而至，他也擔心：不知道會遇到什麼？

在海地工作四年後，他花了七個月完成《穿越陰陽路》（*The Serpent and the*

Rainbow）一書。一出版立刻熱賣五十萬本，被翻譯成十種語言，又被拍成好萊塢電影。

越容易做的事，越快失去興趣

才三十歲，頂著哈佛博士、活殭屍研究專家、暢銷作家的光環，很多名校爭著提供教職給他，戴維斯瞇起眼笑說，「我從波士頓一路往下開車，從耶魯到洛杉磯加州大學，每間學校都想找我去。」

但是，一位教授朋友問他：「難道你要成為殭屍專家嗎？把一輩子時間都花在殭屍身上嗎？」戴維斯一聽，直接回答：「不！」那一刻，他對殭屍的興趣戛然而止。之後，他轉向婆羅洲（Borneo）研究熱帶雨林，與當地平南族（Penan）一起生活。

以前反對他研究殭屍的人又惋惜：「啊，你瘋了，你的書這麼暢銷，這麼多學校要你……，」然而，越容易做到的事，他越快失去興趣。戴維斯說，畢卡索有一句名言：「It works, it obsoletes!」意即，當一件事非常順手時，就變得陳腐，沒有意義。

戴維斯曾經在北極零下八十度的惡劣環境裡，遇到一位北極區原住民伊努特人（俗稱愛斯基摩人），這個人在雪天迷路，後來走出冰屋，脫下褲子，拉了一坨屎，趁著屎還沒乾，把它捏成一把刀，用口水把刀舔利，再用這把刀殺了一隻狗，用狗的肋骨和皮毛做了簡易的雪橇，最後從冰天雪地裡成功逃生。

「在這麼險惡的環境，伊努特人的能耐，讓我只要五分鐘就佩服、跪倒在地了，什麼哈佛博士，一點用都沒有。」他幾乎喊著說。

最深刻的變化，源自觀念改變

他也發現，古代玻里尼西亞人乘坐雙獨木舟，在沒有全球衛星定位系統（GPS）下，完全靠海浪反彈在船首的波紋特徵，就可以精確辨識遠方島嶼，建立廣達地表面積五分之一大的海洋帝國。這偉大的成就，不輸把人類送上月球。

當他講到原住民累積千年的生活方式和智慧時，兩眼發亮。「這些驚人的知識，哈佛也不能教你。」他從高材生，到伐木工，再成為人類學家、行動家、作家……，再到說故事人，總能自由跨界，「我從來沒有生涯規畫（career），我總將我做的事，看做對生命的學習，所以不在乎人家怎麼標籤（label）我。」

但不管戴維斯的角色怎麼變化，他始終相信：「說故事，可以改變人的想法，進而也能改變世界。」他認為，歷史重大的變革，不是哪位總統或哪個法律出現，「最深刻的變化，源自人們觀念的改變。」

戴維斯 小檔案

一九五三年出生，哈佛大學民族植物學博士，曾擔任河流指導員、巡山員、林業工程師，現職國家地理頻道駐會探險家、民族誌學者、作家、攝影師。

我的賭不是衝動，是賭性加判斷

李烈　《艋舺》製片．影一製作所總經理

四十九歲，當你人間風景已看過大半，即將邁入天命之年，你會選擇安穩度過餘生，還是賭上一切盡力翻轉天命？

李烈選擇後者，她上的賭桌叫作電影。

二〇〇八年起的短短三年內，她寫下了兩項紀錄。在《海角七號》還沒有寫下票房奇蹟之前，她所製片的《囧男孩》，在一片低迷的國片市場中，創下了當時近十年最佳投資報酬率，激勵了其他電影工作者；第二部片子《艋舺》，上映第一週就創下國片史上最快破億元票房的紀錄，全台票房達二億五千八百萬元，也是二〇一〇年最賣座國片。

是運氣？還是實力？李烈自己的解讀，是判斷，加賭性。她看到國片出現了一些新導演，票房也逐漸回溫，時機接近了；接下來，就看自己敢不敢放手一搏了。

梭哈僅有財產，賭兩個小男孩

第一個起步，〇八年，她梭哈僅有的財產，包括亮麗明星光環、演藝生涯、接案收入，與一棟價值千萬元的房子，手中的牌卻只有兩個名不見經傳的小男孩、一個剛冒出頭的紀錄片導演楊雅喆，以及一部讓她感動到流淚的劇本《囧男孩》。「我是邊看邊哭的。如果這個劇本可讓我邊看邊哭，一定也可以讓觀眾邊看邊哭，」因為這份真實的感情，李烈決定要拍這部片子。

這是一場對玩家極度不利的賭局。以當時的氣氛來看，贏了，了不起保住財產，小賺幾十萬元；輸了，卻是賠上一切，下半輩子都得打工還債。

沒人想得到，牌掀開，李烈賭贏了，而且是大贏。人生第一部掛名製作的電影《囧男孩》，沒卡司、沒爆點，竟然以一千四百萬元的成本（含行銷），在全台灣開出三千六百萬元票房。

這一賭，翻轉了李烈的人生，也翻轉了台灣的電影產業。

兩年後，她第二部製作的電影《艋舺》，砸下八千萬元製作成本，原本被當成笑話看，沒想到票房驚人，不只成功延續《海角七號》所帶起的聲勢，更刺激了許多原本猶豫不決的台灣電影工作愛好者大膽投入。李烈也從一個亮麗的女明星，變身成台灣公認行銷操作最精準的製片。

「哪部電影不是賭？我的賭不是衝動，是賭性加判斷，理性跟感性都有，」李烈率性的說：「我算過，最壞不過賠一千萬……，我還有兩隻手、兩隻腳，再去賺就是了，就算到外面幫人家打工，有生之年也賺得回來。」

十八歲在演藝圈出道，三十二歲赴大陸經商投資，賠光所有財產，之後又在香港、紐約輾轉流浪了五年，大起大落的人生經歷，讓李烈不只洗淨鉛華，更磨練出一般電影人少有的市場嗅覺。

「她對商業的sense（感覺）很敏銳，知道觀眾要的是什麼，」發行《囧男孩》、投資《艋舺》與《翻滾吧！阿信》，美商華納兄弟台灣分公司總經理石偉明指出，做製片這一行，除了要懂電影之外，還需要充沛的人脈、高ＥＱ與準確的執行率。

談定檔期再開拍，不預留退路

執行度，反映在對預算的掌控與拍攝天數上。做《艋舺》的時候，她開創國片先河，先跟發行商談定檔期，再反過來跟導演「喬」拍攝事宜，原本一年半才能全部完成的電影，她硬是在一年內衝完，當中只延宕了十天。

這等於是不讓自己有退路。時間到了，就要交片，否則發行商下次不會再給你機會；但其中的難，就在於要掐準時間，拍出來的電影卻還是要維持品質，不能有藉口。

為了把品質做好，還是會妥協

「一般人只能顧到（電影製作）前半段或後半段，但李烈可以全面兼顧，而且執行度可以做到八、九十分！」石偉明肯定的說：「她就是讓人很有信心。」

李烈說，電影是個燒錢的行業，「一睜開眼睛就是一百個人要吃飯，還不含演員跟臨演，一人一天兩百塊便當錢，什麼事都不做就是幾十萬，怎麼能不抓準？」

環環扣緊，但也不是絲毫沒有妥協，這裡面的妥協，包含了李烈的判斷，就是要把品質做好。舉例來說，《艋舺》裡的美術製作，「後來七百多萬做的，幾乎超（出）了一倍。問題是如果沒有那個錢的話，艋舺的場面就沒有了。」

為什麼會超出這麼多？為了搭出已經成為廢墟的寶斗里，從一條街、每一面牆，都得搭出來。「因為坦白講，一個五千萬製作費的戲，你如果沒有一個影像出來、夠大的格局的話，它不會是一個好電影。」

拍《囧男孩》的時候也是如此，「本來預算一千二百萬，我後來拍完是一千四百萬。我已經窮成那個樣子了，後來那兩百萬，是怎麼來的？」李烈說，當初估底片時，有估一個數量，可是後來拍到一半，就已經知道，底片要超支了，「那時判斷我要下，因為我是出錢的人。我可以跟導演說，不准超（支），從現在開始，這個鏡頭，就算不ＯＫ，還是要過。」但是李烈選擇讓導演繼續拍，錢她來解決；因為她知道，少了那超支兩百萬元，會讓前面花的一千萬元，質感出不來。

「烈姊做事表面上看不出來波瀾，但實際上她都很早布局，把事情想得很清楚後才會動手，」楊雅喆說，豐沛人脈加上謹慎思考，讓李烈比起一般的製片，更能大器的去做決定、給承諾。

為跟角頭喬事情，蹲路邊抽菸

第一部電影可能有八成是靠賭，被動等待結果，但第三部電影就是靠判斷與計算主動出擊。

二〇一一年八月上映的《翻滾吧！阿信》，成本三千多萬元，還沒開拍就已經靠置入行銷與贊助回收了一千多萬元，全台票房也有八千萬元左右，後來更在中國大陸熱映。「我現在學會站在廠商的角度想，幫他去設想商品在電影中的形象，」李烈笑著說：「這樣比較輕鬆！」

從幕前走到幕後，現在的李烈，身分更多元。

在與投資者談判時，她是精明的生意人，可以談成本、談數字、談回收；在與導演工作時，她是冷酷的執行者，嚴密監控每一分每一秒的拍片進度；在拍片現場與三教九流協調時，她是身段柔軟的溝通者，可以跟地方上的角頭、業者蹲在路邊喝酒抽菸「喬」事情。

不變的是，李烈的堅毅性格與對台灣電影的熱愛。

喝醉酒狂吐，不忘為電影加油

《命運化妝師》導演連奕琦回憶，去年他與《九降風》導演林書宇等一群人到韓國富川參展時，喝醉酒的李烈被眾人從計程車上抬下來，蹲在路邊狂吐，抬起頭看到這兩個年輕小伙子，突然間瞪大眼睛吼了一句：「台灣電影一定要加油！」說完又趴下來繼續吐。「我當場震撼到說不出話來，」連奕琦說。

談到自己的電影夢，李烈說：「我希望電影是一個大家做起來很快樂的工作，不求什麼大富大貴，但起碼要讓這些人不要這麼慘兮兮的過日子，」「現在的我，玩得很爽、很開心，反正再玩也沒幾年了……，如果可以（順便）幫台灣電影，多build up（培養）一些演員、明星、做事情的方式，何樂不為呢？」

李烈 小檔案

一九五八年出生，世新專科學校（世新大學前身）編採科畢業，曾是知名演員，並擔任電影《囧男孩》、《艋舺》和《翻滾吧！阿信》製片，現為影一製作所總經理。

魚有魚路，蝦有蝦途，能夠生存，就有生存之道

張瑞敏　海爾集團首席執行官

日本東京最繁華的銀座，精品店林立的大樓間，閃動著一面色彩鮮艷、設計俐落、標誌著「Haier」的霓虹看板，相當搶眼。這個「Haier」，就是來自中國的第一大家電集團——海爾集團，在這裡，海爾昭示著對國際市場的野心。

而就在二〇一一年七月，中國家電巨頭海爾集團宣布將收購日本三洋電機（Sanyo Electric）旗下的冰箱、洗衣機及家用電器部門，將會在二〇一二年三月底前完成交易。這是中國企業首次收購日本大企業的核心業務，極具指標意義。

據權威市調機構歐洲透視（Euromonitor）發布最新的全球家電市場調查結果，海爾在大型白色家電市場的品牌占有率，已達到七．八％，連三年蟬聯全球第一。另據新華社的報導，二〇一〇年，海爾所生產的冰箱在全球的市占率高達一三％，居世界首位；洗衣機則占九％，居第二。這一年，海爾全球營收為人民幣

一千三百五十七億元（約合新台幣六千五百億元）。現在，海爾的產品行銷到全球一百六十個國家，而且自二〇〇二年以來，已連續十年蟬聯「中國最有價值品牌」榜首，其品牌價值高達人民幣九百零七億元（約合新台幣四千四百億元）。

一手打造這個「中國最有價值品牌」的推手，是至今仍奮力不懈推動海爾國際化的首席執行官張瑞敏。他不僅被譽為「中國第一CEO」，也有人推崇他是「中國的經營之神」。早在二〇〇三年，美國《財星》（*Fortune*）雜誌所選出「美國以外最具影響力的全球企業強人」，張瑞敏就名列十九，與華人首富李嘉誠、新力執行長出井伸之並列。他是首位登上瑞士洛桑管理學院IMD論壇的亞洲企業家；他的創新管理精神，讓瑞士洛桑管理學院將海爾寫成教案，並納入歐洲案例庫。

狂砸瑕疵品，展現改變的意志

海爾能掙得今天的國際地位，對一家出身共產社會的公營企業而言，困難與挑戰可謂加倍艱辛。

張瑞敏早年因為文革（一九六六年到一九七六年間）而被迫停止學業，從工人一路做起，一九八四年接任青島冰箱總廠（海爾前身）廠長。當時，青島冰箱是集體所有制的企業，有著傳統國企的不良積習，和大鍋飯心態。剛接手的張瑞敏，卻有世界級的野心：他要在有生之年，將工廠改造成如可口可樂般的百年品牌。

當年如果有人聽到張瑞敏這個志向，一定會說他是癡人說夢。那時候冰箱工廠的現金水位已經降到了連薪水都付不出來的地步，而且在張瑞敏之前，已經有三位立志整頓工廠的廠長都失敗了。

直到有一天，消費者來工廠抱怨冰箱的瑕疵，希望換貨。三十六歲的張瑞敏於是陪著他在工廠內尋找可換貨的冰箱，沒想到找到的卻是更多瑕疵品。客人離開後，張瑞敏決定找出究竟還有多少瑕疵品，結果，在四百台冰箱中發現了七十六件。當時有員工建議，何不以低價把瑕疵品賣給廠內的員工，卻遭張瑞敏拒絕：「我有七百六十位員工，如果我用低價賣瑕疵品給員工，等於鼓勵員工再製造更多瑕疵品出來。」

早就想改變員工心態的張瑞敏，利用這個機會給員工震撼教育。張瑞敏告訴工人：「有缺陷的產品就是廢品。」他帶著幾位高階主管，拿著大鐵鎚，在所有員工面前，一個一個徹底砸毀七十六件瑕疵品。老工人看著冰箱被砸爛，都不禁流下了眼淚。

對當時的零售業界來說，一個還在虧損的公司居然銷毀存貨，實在是不可思議。事件之後，員工真正了解張瑞敏領導海爾改變的意志，也調整了工作心態，跟著張瑞敏，下定決心，徹頭徹尾將海爾變成一個品質導向的國際級企業。「他們終於了解，我不會像競爭對手一樣什麼都賣，我只賣最好的。」張瑞敏說。

這是海爾的轉捩點，奠定了海爾「追求卓越」的企業文化。

創休克魚理論，登上哈佛案例

為了追求卓越，張瑞敏下苦功研讀近半世紀的管理學，從管理學之父彼得・杜拉克（Peter Drucker），到行銷大師科特勒（Philip Kotler）。他不辭千里，帶領團隊飛到美國、飛到日本、飛到歐洲、飛到台灣，向全球的標竿企業取經。

一路取經的過程，張瑞敏總是不斷在思索，如何才能成為全世界的一流企業。二〇〇三年九月底的週六早上，海爾一行人參觀了燦坤電氣，晚上在飯店房間裡，他和同行的幹部還穿著海爾的制服，就開會討論起燦坤的策略和做法。「魚有魚路，蝦有蝦途，能夠生存下來的人，就有他的生存之道，我到每個地方都學一點，就能省很多力氣。」他有一本小冊子，密密麻麻記錄著他的取經筆記。

張瑞敏從小浸淫在中國古籍中，他從《孫子兵法》裡體會到做生意就像打仗，企業領導人必須像成功的將領一樣，不斷調整自己以適應環境。從老子的思想裡，張瑞敏體會出思想可以改變行為、進而創造機會。成功運用這些老祖宗的思想，又飽讀各種西方管理學理論，讓張瑞敏可以結合東與西，創造許多特殊的管理理念。

像最為人津津樂道的「激活休克魚」理論，更讓張瑞敏一舉躍上國際管理學殿堂。張瑞敏比喻，當企業資本存量（capital deposit，指企業現有的全部資本資源）占主導地位，但技術並沒有領先的時候是「大魚吃小魚」；當技術超過資本的價值時，是「快魚吃慢魚」。在當前的企業環境中，「活魚」是不會讓你吃的，吃「死魚」又會「鬧肚子」，所以只能吃「休克魚」，也就是那些條件好但管理不善的企業。這樣的「休克魚」一旦注入一套有效的管理制度，很快就會活起來。

依據這套理論，海爾於一九九五年收購瀕臨破產的青島紅星電器，第三個月就轉虧為盈。一九九七年又救活廣東順德的愛德洗衣廠，只用人民幣三十多萬元就使停產一年的生產線重新運轉。一九九八年初，「激活休克魚」的案例正式進入哈佛大學課堂，張瑞敏也成為首位登上哈佛講壇的大陸企業家。

今天，海爾集團的成功來自不斷創新。張瑞敏曾說：「每個人都應該因創新而受到鼓勵。」正因為如此，只要員工做了不平凡的貢獻，即使只是清潔工，張瑞敏也希望獎勵他。

鼓勵創新，產品用員工命名

海爾有一個傳統：以員工名字來命名因其貢獻而創造出來的新產品、零件或是製造流程。例如「曉鈴扳手」、「啟明焊槍」等，目的是鼓勵員工主動創新、自我表現，讓員工知道，每個人都可能是組織裡的明星。

張瑞敏說：海爾要創新，「創新就是要不斷戰勝自己，也就是確定目標，不斷打破現有平衡，建立一個不平衡。然後，在新的不平衡基礎上，再建一個新的平衡。」張瑞敏帶領的團隊信奉一個理念：「撐竿跳的橫竿總是不斷往上升，不能跳過它的人，就要盡快離開競技場。」三十年來，海爾不僅從未離開這個競爭越來越激烈的競技場，還成了長青不墜的常勝軍，繼續改寫自己創下的紀錄。

張瑞敏 小檔案

一九四九年出生，中國科技大學工商管理學碩士，曾任青島電冰箱總廠廠長，現職為海爾集團首席執行官。

我是不敢？還是不行？我決定自己去證明

曾信哲　緯航企業董事長

一位大學重考三次均落榜的黑手，如何讓精品天王LVMH執行長阿諾特（Bernard Arnault）來台挑遊艇配件，指名非他不可？

曾信哲，亞洲規模最大的遊艇五金精品廠緯航企業董事長，在他的手中，緯航成為亞洲唯一以自有品牌，與全球私人遊艇頂級品牌羅森（Lurssen）合作的五金精品廠。

遊艇是名人產業，名人對品質特別挑剔，而緯航的產品就像精品上的綴飾，「是勞斯萊斯前面的女神像，或是Jaguar（捷豹）前面的那隻豹。」台灣區遊艇工業同業公會總幹事張學樵比喻。

從小，曾信哲就是家中最不會讀書的孩子，「我很努力念，但就是念不好。」五個兄弟姊妹，唯獨他考不上大學，父親要他重考，連考三年，還是與大學無緣。

「不會念書，是我從小的心理障礙。」父親臨終之前仍然念念不忘的問他：「你要不要再考大學？」學歷，是曾信哲難以彌補的人生缺口。

考不上大學，租下小廠房代工

既然命定與學歷無緣，他暗暗告訴自己，一定要創業，走不一樣的路。他先進遊艇廠當車床工學技術，其後在當年全台最大的遊艇廠嘉信內，租一間小廠房代工五金製品。

不料，開業第三天，一位競爭者當著一大群工人的面，撂下狠話。「他指著我的額頭說，只讓我在嘉信活一個禮拜，手（作勢）放在我的脖子上說，一個禮拜就要給你掐死（掐死你）！」曾信哲伸出食指、比著額頭回憶。

突發的威脅，卻激起他的生存鬥志。「他那幾句話刺激了我，我下定決心，一定要撐下去。」他以低價搶單，三年後，威脅他的老大哥離開了嘉信，數年後離開市場。

一九八〇年代末，隨著業務增多，公司遷出嘉信，移至高雄縣大寮鄉大發工業區，年營收上億起跳。獲利的背後，威脅接踵而至。

當時，台灣出口業大賺美鈔，新台幣卻從一美元兌四十元快速升值至二十五元，不敵成本暴增，台灣遊艇廠陸續遷移大陸，緯航也赴中國試水溫，不料，一間荷蘭客戶卻以緯航成本較低為由，砍代工報價。曾信哲認清眼前只剩兩條路：在大陸削價競爭，或是轉型升級。

邀請大客戶監工，爭取到訂單

他選擇後者，「（做代工）就像扭毛巾，用力扭，總會乾掉，等到乾掉，再怎麼扭也沒有了。」一九九六年，他自創ARITEX品牌。

但他努力了五年，卻打不進豪華遊艇國際大廠，原來，國際大廠不信任台灣自創品牌。

更糟的情況降臨。

二〇〇一年，全球最大的遊艇展覽在美國舉行，緯航是台灣唯一參展者，當場，緯航主管被五、六名高頭大馬的德國人圍住指責：「你們MIT（Made in Taiwan）只做表面工夫，樣品跟實品差很多！」原來他們是遊艇大廠羅森的員工，控訴緯航製造的繫繩柱品質粗糙。

遊艇品牌，名聲一臭可能招致倒閉命運！這個偶然，令曾信哲相當緊張。

他透過管道查明真相，原來，荷蘭廠為了打壓緯航自創品牌，將原本委由緯航代工的訂單轉給印度劣質工廠，再對客戶謊稱是緯航製作。

曾信哲正面因應，耗資百萬元打造繫繩柱送給羅森，品質令羅森感到驚豔。但是羅森仍然擔心：「會不會只是樣品？」他進一步邀請六位羅森監工人員來台參觀工廠，眼見為憑，機票、交通、食宿全包；其後，主動提出負擔羅森駐台人員所有費用，直到通過樣品檢測為止。此舉被同業認為「虧很大」，卻爭取到羅森第一批訂單。

克服菜英文，隻身赴荷蘭敲單

他把監工人員當老師，「要了解超級有錢人的標準，透過羅森最快，」他學到德國廠的藝匠精神，才是名人埋單的關鍵。

看似吃虧的投資，讓緯航順利成為羅森的亞洲合作廠商，並陸續打進德國遊艇廠供應鏈。

同時，緯航向代工時期出貨的荷蘭最大遊艇廠Loyal Van Lent爭取訂單，也遭到當地同業暗地阻撓。終於託人向Loyal Van Lent說明，產品並非如外傳粗糙，是非常精緻，對方仍不放心，堅持要曾信哲獨自赴荷蘭洽談。

機會在眼前，他卻猶豫了。「我英文不好，有心理障礙。我問自己，我是不敢？還是不行？我決定自己去證明。」

他拚命查字典，備妥行程、專業所需詞彙，一人赴會。一週後，他順利帶著訂單回台。

這趟出國，讓曾信哲信心大增。不只是語言，他發現自己擁有的技術、知識，足以和國外大廠媲美。後來，Loyal Van Lent九成以上五金配件皆來自緯航。

不漏掉每一塊錢，成功非偶然

九年後，在美國佛羅里達州羅德岱堡舉行全球規模最大的國際遊艇展上，出現了一艘由美國Director公司打造、長達八十五公尺的史上最大私人遊艇。而Director公司所有的五金零配件全部都是緯航供應的。

從品質不被信任，到現在名列全球七大遊艇五金製造商，回顧來時路，曾信哲感慨道：如果畫地自限，一定會被厄運擊垮，若正面因應，機會將接二連三到來。

有人說他是運氣好，曾信哲反駁：「運氣是運用各種機緣創造（出來）的。」他對朋友說：「你在路上撿到一千塊叫作好運，我是一塊錢都不會漏掉，因為我一直在路上找錢。」

曾信哲 小檔案

一九五七年出生，屏東高工畢業，曾任遊艇車床工，現任緯航企業董事長。

越不滿，越有力量
——你也做得到的47個強心故事

商業周刊	編撰
商周集團榮譽發行人	金惟純
商周集團執行長	王文靜
視覺顧問	陳栩椿
商業周刊出版部	
總編輯	余幸娟
責任編輯	羅惠馨
文字編輯	黃琦芬
封面設計	巫麗雪
內頁設計、排版	邱介惠
出版發行	城邦文化事業股份有限公司-商業周刊
地址	104台北市中山區民生東路二段141號4樓
傳真服務	（02）2503-6989
劃撥帳號	50003033
戶名	英屬蓋曼群島商家庭傳媒股份有限公司城邦分公司
網站	www.businessweekly.com.tw
製版印刷	中原造像股份有限公司
總經銷	高見文化行銷股份有限公司 電話：0800-055365
初版一刷	2015年（民104年）2月
定價	320元
ISBN	978-986-6032-81-3

國家圖書館出版品預行編目資料

越不滿，越有力量：你也做得到的47個強心故事／商業商刊編撰. -- 初版. -- 臺北市：城邦商業周刊, 民104.02
面；　公分
ISBN 978-986-6032-81-3(平裝)

1.生活指導 2.自我實現

177.2　　104000434